NOUVEAU VOYAGE

DU

LEVANT.

NOUVEAU VOYAGE FAIT AU LEVANT,

ès années 1731. & 1732.

Contenant les descriptions d'Alger, Tunis, Tripoly de Barbarie, Alexandrie en Egypte, Terre Sainte, Constantinople, &c.

Par le sieur TOLLOT.

A PARIS,

Chez DURAND, Libraire, ruë S. Jacques, à Saint Landry & au Griffon.

M. DCC. XLII.

Avec Approbation & Privilege du Roy.

AVIS AU LECTEUR.

LES Voyages, de nombres d'Auteurs, ont tellement attirés l'attention de la Cour & de la Ville, & on a même encore la mémoire si ressente de tant de beaux Manuscrits du Levant, que je n'ose me flater que le Livre que j'ai l'honneur de présenter au Public, qui traite de la même matiere, ait le même succès. Je ne compte pas même me mettre en paralelle avec des hommes qui ont pénetré beaucoup plus loin que moi dans leurs voyages. Je me borne seulement à renfermer mes remarques dans un petit Volume où les phrases les plus longues ne sont, pour ainsi dire, que des *Nota* les plus instructifs qu'il m'a été possible, que je n'aurois pas mis au jour si mes amis ne m'y avoient engagé, je ne voulois même donner d'autre Titre à mon Livre que celui de Journal du Levant; enfin les frais en sont faits, me voilà en but à la critique; mais ce qui me console, c'est la verité de laquelle je ne me suis point éloigné, & sur laquelle on ne pourra toucher.

La crainte que je fais paroître, n'annonce au Lecteur rien de prévenant en ma faveur; mais que faire dans cette circonstance? Se donner un Titre trop modeste ou un trop superbe, sont deux choses également nuisibles à l'Auteur; s'il s'éleve, on mesure son élevation à son humilité; & s'il s'humilie, on le croit sur sa parole. Il faut donc garder un milieu, chose fort difficile à tenir, & je ne réponds pas d'y avoir réüssi. Je promets donc par mon Titre de vous donner une exacte description des lieux du Levant que j'ai parcouru, vous diriez peut-être, que vos Bibliotheques en font remplies. Mais qu'importe, tous les Voyageurs n'écrivent pas de même, chacun peut faire differentes obfervations, les uns font plus ou moins inftruits, d'autres amplifient de beaucoup; & quelques-uns, faute de fanté ou de fe donner tous les foins néceffaires, copient fur les Auteurs qu'ils croyent les plus fideles; ainfi c'eft aux Lecteurs éclairés & à gens qui connoiffent le Pays, à en faire la difference. J'ofe même avancer qu'il y a eu des Auteurs, qui fans fortir de leurs Cabinets, ont donné au Public des Voyages qu'ils ont dit avoir faits au Levant; mais je ne crains point de me trouver dans le cas d'aucun de ceux-ci. J'ai journellement écrit sur les lieux toutes les observations qu'il m'a été possible de faire, non dans la vûë de les donner au Public, mais pour ma propre satisfaction. Je le repete encore, ce n'est qu'à l'instigation de mes amis si j'ai mis mon nom en Titre d'un Ouvrage que je n'ai revû ni corrigé depuis mon retour en France. Je m'attends bien que plusieurs Censeurs maudiront le Titre & l'Auteur, & qu'ils aimeroient mieux un petit conte, un bon mot, ou quelques vers délicats, que des descriptions, des traversées, des tempêtes & autres choses auſquelles les Voyageurs font ſujets ; mais j'eſpere qu'il ſe trouvera quelques Lecteurs plus indulgens, qui rendront Juſtice à mes bonnes intentions.

NOUVEAU
VOYAGE FAIT
AU LEVANT,

En May 1731 par le sieur Tollot.

YANT fait plusieurs Voyages par terre, tant en Espagne, qu'en Allemagne, Angleterre, Flandres & autres lieux, je souhaitois depuis long-tems de voyager sur mer, non seulement par un motif de curiosité qui fut toujours ma passion dominante; mais pour m'instruire des vies & mœurs des Etrangers, & voir

par moi même ce que tant de Voyageurs ont écrits. J'ai eu occasion de faire celui-ci avec M. le Chevalier de la Condamine de l'Académie Royale des Sciences, de qui j'ai tiré beaucoup d'éclaircissemens sur différentes matieres qui m'étoient inconnuës, & je puis dire avoir eu lieu de satisfaire en partie ma curiosité, & les vûës que je m'étois proposées.

Départ de Paris. Nous partimes de Paris le 10 May 1731 par la Diligence de Lyon où nous arrivames le quatorze à trois heures après midi ; nous n'y restames que le temps nécessaire, pour y prendre des provisions & un Bateau de poste pour descendre le Rhône jusqu'en Avignon.

Départ de Lyon. Nous en partimes à cinq heures du soir. A sept heures nous passames le Pont de Vienne, que l'on dit avoir été bâti par les Romains, dont il ne reste que quelques vestiges ; le lendemain quinze nous arrivames à Enconne, où nous débarquames pour aller coucher à Montelimard.

Le 16 nous partimes, & arrivames le dix-sept devant Villeneuve-les-Avignons, où nous fumes obligés d'attendre le reveil des Commis pour foüiller nos équipages. Leur Visite faite, nous passames à Avignon, où nous ne restames qu'environ quatre heures ; pendant ce peu de tems, je fus voir la Citadelle qui m'a paru peu forte, & incapable de faire une vigoureuse résistance. De là je portai mes pas vers quelques Eglises qui me parurent très bien ornées ; & dignes du Souverain que l'on y adore.

Le même jour nous partimes d'Avignon dans des chaises qui sont traînées par des mulets, & *Départ d'Avignon.*

qui ressemblent aux voitures dont on se sert pour aller, & venir de Versailles à Paris; ces sortes d'équipages font dix lieües par jour. Le dix-huit nous arrivames à Marseille à sept heures du soir; & le 19. je fus voir la Salle d'armes qui passe pour la plus belle du Royaume; en effet, elle répondit entierement à l'idée que j'en avoit conçüe.

Le 20. je fus me promener au Port qui est très beau, dont l'entrée est défendüe par la Citadelle & le Château. Le long de ce Port, sont des boutiques où l'on vend toutes sortes de marchandises. Cette promenade & le Cours qui est au milieu de la Ville, très bien planté d'arbres, & orné de Fontaines, rendent ce séjour fort agréable. Nous y aurions restés plus long-tems, si nous n'avions appris que l'Escadre sur la quelle nous devions nous embarquer, s'étoit mise en rade.

Nous partîmes le vingt-un, & arrivâmes à Toulon à sept heures du soir. Le lendemain de notre arrivée, M. de la Condamine fut rendre sa visite à M. Mithon Intendant de ce département, qui lui offrit un appartement chés lui, & l'obligea de l'accepter ; nous y restâmes jusqu'au jour de notre embarquement.

Départ de Marseilles.

Pendant huit jours que les Vaisseaux resterent en rade, Messieurs les Capitaines donnerent à manger sur leurs bords ; ces repas étoient servis aussi splendidement qu'on l'auroit pû faire sur terre ; toutes les Dames de la Ville y brilloient à l'envie l'une de l'autre, & je suis persuadé que chacune d'elles auroit souhaité que l'Escadre eût resté en rade toute la campagne, plûtôt que de voir partir nombre de jeunes Heros qui se trouvent pendant le cours d'une campagne exposés aux injustes caprices de l'onde, dont leurs appas sembloient présager la conquête.

L'Escadre étoit de quatre Vaisseaux de lignes, sous les ordres de M. du Guay Trouin, Lieutenant General qui montoit le Vaisseau l'Esperance de soixante & quatorze canons, portant Pavillon quarré au mâts d'artimon. M. le Chevalier de Camilly, (sur le bord duquel nous étions) montoit le Leopard de 64. canons. M. de Voisin montoit le Toulouse de 56. & M. de la Valette, l'Alcion de 50 canons, & une Tartane qui suivoit pour la pêche; nous partimes avec six mois de vivres.

Le vingt-huit je fis embarquer tout notre équipage; le 29. tout le monde eut ordre de coucher à bord, Messieurs les Officiers, ainsi que les Voyageurs, s'y rendirent; le 30. à quatre heures du matin, le Commandant fit signal de défafourcher, le vent étant à l'eft bon frais. A huit heures le vent ayant encore fraîchi, on amena les vergues, & les mâts de hunes, pour éviter le danger au cas d'orage; le vent continua toute la journée, & la nuit fut calme.

Le 31. le vent ayant moli, on guinda les mâts de hunes, & les vergues, & l'on fe toüa jufque par le travers de la grande tour, le vent étant Eft-fud-Eft.

Le premier Juin le vent étant de même que la veille, nous nous toüames jufques par le travers du Fort St. Loüis.

Le 2 le Commandant donna l'ordre pour apareiller, & le trois à quatre heures du matin, il fit tirer le coup de canon pour le fignal de partance; à fix heures nous étions fous voile, nous

Départ de Toulon.

coutûmes une bordée pour doubler le Cap Sicié ; à sept heures nous étions par son travers ; à huit heures l'on mit en panne pour attendre les chaloupes qui étoient allées prendre les ancres de Toüe. Ayant embarqué & chaloupes & canots, nous relevâmes le Cap Sicié qui nous restoit à l'Ouest quart de nord-Ouest. Le vent étant à l'Est bon frais, nous forçâmes de voiles & fîmes route au Sud sud Ouest ; à sept heures du soir la Frégate le Zephire, commandée par M. le Chevalier de Ceylus, qui partit de la rade avec nous pour aller croiser du côté de Beauquaire, pour la sureté de la Foire, nous quitta, pour se rendre à sa Croisiere, & salua le Commandant de neuf coups de canon, qui lui répondit de cinq autres coups ; le vent ayant varié pendant la nuit, nous coutûmes à plusieurs routes ; le lendemain , la hauteur ayant été obfervée , nous nous trouvâmes par les 41. dégrés cinq minutes latitude Nord ; pendant le refte du jour le vent varia du Sud-fud eft jufqu'au Nord Eft , petit frais , belle mer.

Je ne m'arrêterai point à faire mon journal de pilotage , où le lecteur , s'il n'eft marin , pourroit s'ennuyer , d'autant plus qu'il ne verroit chaque jour que la variation des vents , & les routes que l'on eft obligé de faire quand ils font contraires.

Le fix à cinq heures du foir nous vîmes la terre de Minorque qui nous reftoit au Sud $\frac{1}{4}$ Sud-oueft, diftance environ quatre lieuës. Le fept à fix heures du foir le cap le plus oueft de Majorque nous reftoit au Sud Sud-eft. Le huit & le neuf nous eûmes très peu de vent ; à dix heures du foir le Commandant fit fignal de virer de bord par un feu extraordinaire à poupe, deux faneaux aux haubans d'artimon un sur la grande hune, un sur le mâts de beaupré, & cinq coups de canon ; à minuit le vent ayant fraichi, le Commandant fit signal de serrer les deux huniers, par un feu aux haubans du grand & du petit hunier.

Chasse à la terre. Le 10 à deux heures après midi on fit signal de donner chasse à la terre, par un pavillon bleüe au bâton d'enseigne, & un blanc à la vergue d'artimon ; pour lors nous forçâmes de voiles; à quatre heures du soir nous découvrimes le Cap Cassine, qui nous restoit au Sud-sud-Est. A sept heures le Commandant fit signal de quitter chasse.

Le douze au lever du Soleil nous fîmes force de voiles pour aller mouiller à Alger. A dix heures nous entrâmes dans la rade où nous restâmes quelques tems en panne pour mettre nos bâtimens à la mer; nous mouillâmes par les vingt-huit brasses d'eau fond de vaze. La Ville salua de vingt-un coups de canons; le Commandant lui rendit le salut coup pour coup.

Moüillage d'Alger.

Le douze à six heures du matin, nous nous embarquâmes dans le canot pour aller à terre; nous passâmes à poupe du Commandant pour prendre ses ordres; la mer étant grosse, il nous dit de ne point l'aborder & de continuer notre route. M. de l'Aſne, Conſul, qui étoit embarqué sur le Toulouse, débarqua aussi pour aller prendre possession de son Consulat d'Alger; il fut salué du Commandant de sept coups de canons, & de trois cris de *Vive le Roy*. A son débarquement la Ville le salua de trois coups de canons.

Nous fûmes d'abord à la maison Consulaire, & ensuite à l'audience du Dey, pour y accompagner M. de Beauquaire Capitaine de Pavillon, qui étoit chargé de lui représenter plusieurs griefs & pirateries commises sur nos Côtes par les Corsaires de la République. Il écouta avec attention ce qu'on lui représenta, & ne voulut rien octroyer ce jour là de ce qu'on lui demandoit. Il remit l'affaire au lendemain, & fit beaucoup de politesses à tous les Officiers, leur fit donner du Caffé, de la Limonade, & des Confitures séches.

Du Dey.

Le Dey est un homme d'environ soixante & dix ans, borgne de l'œil droit, & qui passe pour avoir beaucoup d'esprit ; il y a sept ans qu'il regne, pendant lequel tems il a manqué trois fois d'être assassiné ; il est le seul Dey qui ait resté si long-temps Chef de cette République. Il envoya des presens à bord du Commandant qui consistoient en 12 Bœufs, 50 Moutons, 350 Poules, & 4000 Citrons. M. du Guay les fit distribuer sur le champ aux Vaisseaux de l'Escadre.

De ce qui s'est passé aux Audiences du Dey. Le treize, M. de Beauquaire accompagné de M. le Consul, de M. de Crainay, Capitaine d'Artillerie, de la Mothe Commissaire de l'Escadre, & de plusieurs autres Officiers se rendit chés le Dey, pour lui représenter de nouveau ce dont il étoit chargé de la part de l'Empereur de France, & lui ayant fait plusieurs demandes à ce sujet, il répondit que si les Corsaires de sa République avoient commis quelques insultes sur nos Côtes, ce n'étoit pas par son ordre. On lui parla de quinze Matelots qui avoient été enlevés sur les Côtes de *Cette* en pêchant la Serdine. Il dit qu'il les avoit remis au sieur Natoire Chancelier aussi tôt qu'il les lui avoit demandé, & qu'il avoit cassé le Capitaine qui les avoit pris. On lui parla aussi de sept Genois qui avoient été pris & arrêtés sur nos Côtes, il répliqua que ces gens étant de la République de Genes, il ne croyoit pas que la France dût prendre leur parti. M. de Beauquaire lui dit que nous ne soutenions point les Genois, mais que c'étoit contrevenir aux Traités que d'en avoir arrêtés sur les Côtes de France, & qu'il falloit les rendre. On lui représenta qu'il y avoit aussi deux esclaves François sauvés du Royaume de Maroc, qui s'étoient réfugiés à Oran, dont le Bey est sous la domination du Dey d'Alger, qu'il falloit aussi les rendre; il répondit qu'ils n'étoient pas en son pouvoir, & sans insister d'avantage sur ces articles, il parla de l'affaire d'un nommé Meschein, Marchand François, à qui il avoit fait des avances, & lui avoit fourni le chargement d'un Vaisseau, pour lui acheter des canons du produit de la vente.

Ledit Meschein qui auparavant avoit fort mal fait ses affaires en France, se trouvoit le débiteur de plusieurs Marchands; étant en mer avec le Vaisseau & les Marchandises du Dey. Les vivres lui ayant manqué, il fut contraint d'en venir prendre à Toulon. Ses Créanciers sans avoir égard à qui appartenoient les marchandises, firent saisir le tout qu'ils mirent en vente à leur profit; le Dey prétendoit, avant de rendre les esclaves qu'on lui demandoit, être remboursé de la perte qu'il avoit faite avec Meschein.

L'audience dura près de trois heures sans rien décider, M. de Beauquaire se rendit à la Marine pour retourner à bord, & donna ordre au Chancelier de faire venir les quinze Matelots François qui lui avoient été rendus pour les embarquer avec lui.

Etant arrivé à la Marine, le Capitaine du Port qui se tient toujours au Mole, ne vouloit pas les laisser embarquer sans un ordre du Dey par écrit, mais le Consul lui ayant assuré que le Dey les avoit rendus, il les laissa partir. Le canot n'étoit pas à une portée de fusil, que le Dey envoya dire au Capitaine du Port de ne pas laisser emmener ces quinze Matelots esclaves, & qu'il ne les avoit pas rendus. Dans l'instant l'allarme s'étant répanduë dans le Port, & le Capitaine voyant le risque qu'il couroit

couroit en laissant aller ces pauvres misérables, se jetta aussitôt dans un canot à la suite d'une galliotte armée qui alloit déja sur M. de Beauquaire, à qui M. le Consul envoya le Drogman de la Nation, pour le prier de ne faire aucune résistance, & de revenir à terre; M. de Beauquaire retourna, & étant débarqué il demanda au Consul de quoi il étoit question, M. de l'Asne lui répondit que le Dey ne vouloit pas que ces quinze Matelots s'embarquâssent, & qu'il disoit ne les avoir point rendus. M. de Beauquaire envoya sur le champ le Consul, pour sçavoir du Dey pourquoi il ne vouloit pas qu'on emmena des esclaves qu'il avoit rendu la veille, & même dès que le Chancelier les reclama, j'eus l'honneur de l'accompagner. Etant arrivés chez le Dey, nous fumes conduits dans un

B

petit donjon qui est presque au faîte de sa maison qui lui sert de chambre à coucher. On nous fit ôter nos souliers pour entrer dans une petite salle qui sert d'antichambre à ce donjon dont je viens de parler, qui peut avoir douze pieds de long sur huit de large, où il étoit prêt à se coucher. M. de l'Asne lui fit les remontrances dont il étoit chargé de la part de M. de Beauquaire, à quoi il répondit tout simplement qu'il ne les avoit pas encore rendus, & qu'il les rendroit le lendemain avec d'autres. Le Consul ayant insisté sur cet article, le Dey lui fit dire de se retirer, & qu'il n'avoit pas le tems de l'écouter davantage. Nous fûmes obligés de sortir sans d'autres réponses. M. de l'Asne en vint rendre compte à M. de Beauquaire qui fit débarquer les Matelots qu'on conduisit à la Maison Consulaire.

Le lendemain le Dey envoya avertir ces Messieurs de se trouver chez lui à 5 heures du matin, où étant arrivés, il envoya chercher les quinze Matelots esclaves, & les remit à M. de Beauquaire qui les fit embarquer sur le champ, & conduire à bord, ce qui fait voir le génie inconstant de cette Nation.

On reprit ensuite l'affaire des sept Genois & des deux esclaves François réfugiés à Oran ; le Dey répondit que c'étoit une vieille affaire dont il ne falloit plus parler ; que le Consul sous lequel cela s'étoit passé étoit mort, ainsi que le Capitaine qui les avoit pris. M. de Beauquaire dit que cela étoit vrai, mais que les esclaves étoient vivans, & qu'il falloit les rendre. Sans répondre sur ce que M. de Beauquaire lui repartit, il reprit l'affaire de Meschein avec beaucoup

B ij

de chaleur, & s'emporta au point de faire appeller Meschein à qui il dit : Ne t'ai-je pas donné 350 Balles de Laine pour charger un Bâtiment, Meschein répondit, Ouy, Seigneur : M'as-tu payé, reprit le Dey, Non, Seigneur, dit Meschein. Il se tourna ensuite du côté du sieur Natoire Chancelier, & lui dit : Le défunt Consul ne m'a-t-il pas répondu des avances que j'ai faites à cet homme ; le Chancelier lui dit qu'il n'en avoit nulle connoissance ; à cette réponse, il se mit dans une si grande fureur, qu'il appella lui-même deux Chiaoux ausquels il ordonna de prendre Meschein & le Chancelier, & de les mettre aux fers, ils furent saisis, & conduits sur le champ en prison.

M. de Beauquaire s'éleva avec toute la dignité convenable sur cette affaire, & dit au Dey, qu'il venoit de commettre une action qui rompoit dès-lors toute la bonne intelligence que l'Empereur de France vouloit bien garder avec sa République. Il écouta avec attention ce que M. de Beauquaire lui répréfenta, & ayant reconnu sa faute, il prit la voye de la douceur, fit beaucoup d'excufes, difant qu'il n'avoit pût être le maître de fon premier mouvement, & qu'il étoit fâché de ce qu'il avoit fait ; ce qu'il répéta plufieurs fois. Il fit en même tems revenir le Chancelier & Mefchein aufquels il dit encore mille injures. Après que tout ce tumulte fut appaifé M. de Beauquaire infifta de nouveau fur l'affaire des fept Genois & des deux efclaves François, fauvés de Maroc ; le Dey répondit qu'il n'en étoit pas le maître, & que même il ne connoiffoit pas les Patrons qui les avoient ; M.

de Beauquaire lui dit que s'il n'avoit point d'autre satisfaction de lui qu'il alloit se retirer, & en rendre compte à M. du Guay-Trouïn qui en porteroit ses plaintes à l'Empereur de France.

L'audience se passa sans que l'on puisse rien obtenir. M. de Beauquaire retourna à bord & rendit compte à M. du Guay, des intentions du Dey, sur quoi M. du Guay-Trouïn écrivit la Lettre suivante.

Lettre de M. du Guay Trouïn au Dey d'Alger.

Très Illustre & Magnifique Seigneur l'Empereur mon Maître m'ayant ordonné de me rendre à Alger, pour y maintenir la bonne intelligence, que Sa Majesté veut bien garder avec votre République, & pour proteger le commerce de ses sujets, elle m'a recommandé de vous envoyer à mon arrivée M. de Beauquaire, Capitaine de Pavillon, Inspecteur général de ses troupes de la Marine, lequel a été chargé de faire reconnoître par vous & par les autres Puissances de votre République, le sieur de l'Asne pour Consul de la Nation Françoise, il doit en même-tems vous porter ses plaintes sur diverses infractions aux Traités, commises par les Corsaires de votre République, sur lesquelles Sa Majesté Imperiale ne doute pas que vous ne fassiez faire des réparations convenables. 1°. Elle m'a recommandé de ne pas partir de la rade d'Alger que cela ne soit executé, sur quoi Très Magnifique Seigneur, je vous souhaite une parfaite santé, vous priant de me croire votre parfait & sincere ami.

Le lendemain malgré toutes ces remontrances, le Dey insista de nouveau sur l'affaire de Meschein, disant que nous avions

son bien & que nous ne voulions point lui rendre. M. de Beauquaire lui dit qu'il lui abandonnoit Meschein dont la mauvaise foi lui étoit si manifestement connüe, & le Consul lui dit qu'il l'alloit faire rayer du nombre des Nationnaux, & lui défendre l'entrée de la Maison Consulaire, mais il répondit qu'il n'avoit pas besoin de ce malheureux, que nous n'avions qu'à l'embarquer & le faire pendre en France, pourvû qu'on lui payât ce qui lui étoit dû ; il ajouta qu'il alloit faire saisir les effets du sieur Durand défunt Consul, à la recommandation duquel il avoit fait des avances à Meschein, particulierement celle de 350 Balles de Laine pour lui fournir des Canons. Il finit en disant qu'il attendroit encore quelque tems la remise des effets ou leur valeur, & qu'après ce tems, il se payeroit
du

du premier Bâtiment Marchand François qui viendroit à Alger.

M. de Beauquaire lui dit qu'il n'en viendroit pas à cette extrémité, & qu'il devoit bien sçavoir que l'amitié ou la haine d'un Empereur de France n'étoit pas une chose qui lui dût être indifferente, qu'il ne pourroit que lui répeter ce qu'il lui avoit déja dit, & qu'il alloit se retirer.

L'audience finie ; M. de Beauquaire se rendit à bord, & informa M. du Guay de ce qui s'étoit passé, sur quoi il écrivit une seconde Lettre au Dey.

Seconde Lettre de M. du Guay Troüin au Dey d'Alger.

» Très illustre & Magnifique
» Seigneur je peus assurer votre
» Excellence, que si l'Empereur
» mon Maître a choisi un Lieute-
» nant Général de ses Armées
» Navalles, dont la réputation est
» connuë, pour venir vous deman-
» der votre amitié, en même-tems
» l'éxécution passée entre Sa Ma-

» jesté Imperiale, & la République
» dont vous êtes le Chef ; c'est
» uniquement pour vous faire plus
» d'honneur & de plaisir, comp-
» tant par là vous engager d'avan-
» tage à remplir toutes les condi-
» tions auſquelles vous vous êtes
» engagé ; ainſi Très-Illuſtre &
» Magnifique Seigneur, ne faites
» nulle attention aux ſoupçons mal
» fondés, que vos ennemis & nos
» envieux veulent vous inſpirer,
» en donnant une mauvaiſe inter-
» prétation à vos meilleures inten-
» tions. Votre prudence doit vous
» engager auſſi à donner à Sa Ma-
» jesté Imperiale une juſte & entie-
» re ſatisfaction ſur tous les griefs
» qu'elle m'a ordonné de vous
» repréſenter par la bouche de
» Monſieur de Beauquaire Inſpec-
» teur Général de ſes troupes, dont
» le Conſul de France doit encore
» vous faire enviſager les conſé-
» quences ; il eſt certain que ſi vous

vous déterminez à satisfaire en cela l'Empereur mon Maître, Sa Majesté Imperiale se portera à vous dédommager de la perte que vous avez faite en vous confiant à ce fripon de Meschein, du moins puis-je vous assurer que j'y apporterai tous mes soins, & qu'il ne tiendra pas à ma sollicitation, que vôtre Excellence ne soit satisfaite; mais si au contraire vous differez davantage à remplir régulierement toutes les conditions, je vous déclare que je mets dans deux jours à la voile pour aller rendre compte à l'Empereur mon Maître que vos intentions ne sont pas bonnes. Je finis en vous souhaitant santé & prospérité, & vous priant de me croire votre parfait & sincere ami. DuGuay-Troüin, ce Samedy 16 Juin 1731.

Les raisons qui portoient M. du Guay à donner au Dey d'Alger une esperance sensible de dédommagement, sont celles-ci. Que s'il s'étoit relâché sur l'article des sept Genois enlevés sur les côtes de France, & sur les deux Esclaves François réfugiés & retenus à Oran, il est certain que ce relâchement donneroit lieu à ces Pirates de faire tous les jours de pareilles insultes sur nos Côtes, par l'espoir qu'ils auroient qu'on ne s'opiniâtreroit point à en exiger la réparation. Il semble même que la gloire du Roy & le repos de ses Sujets demandent que l'on sacrifie plûtôt une modique somme, que d'exposer nos Côtes à de nouvelles insultes ; d'ailleurs cette espérance n'a été donnée qu'à condition que le Dey accorderoit sur les autres griefs toute la satisfaction que l'on désiroit. Quoiqu'il en soit cette Lettre ayant été remise au Consul, pour la remettre en main propre au Dey, il s'acquita de sa Commission & écrivit le lendemain à M. Du Guay-Troüin la réponse suivante.

MONSIEUR,

« Je n'ay pas manqué de rendre ce
« matin en main propre la Lettre
« dont vous me fîtes l'honneur de
« me charger pour le Dey, & de
« remarquer qu'elle a été interpré-
« tée très-fidellement par le Tru-
« chement de la Nation en présence
« du vôtre. J'ay aussi suivi, Monsieur,
« très exactement ce que vous m'a-
« vez inspiré, pour obtenir plus
« facilement ce que vous deman-
« dez, lui représentant comme ami,
« & non pas comme Consul, qu'il
« n'y avoit de plus sûrs moyens
« pour faire réüssir l'indemnité qu'il
« prétend sur Meschein, que de
« restituer les sept Genois & les
« deux François qui ont fuits de

Lettre du Consul de France à M. du Guay-Troüin.

» Maroc, parce que cela vous
» engageroit, Monsieur, à écrire
» plus fortement à M. de Maure-
» pas. Il a battu long-tems la Cam-
» pagne, en m'alleguant à peu-près
» les mêmes raisons pour s'en
» dispenser qu'il a produites à M.
» de Beauquaire, tantôt qu'ils n'é-
» toient pas en sa disposition, tan-
» tôt que c'étoit une vieille affaire
« qu'il n'étoit pas possible de répa-
» rer. J'ay insisté de nouveau sur
» ce qui est du despotique : qu'il
» n'avoit qu'à vouloir, & qu'enfin
» c'étoit le meilleur moyen de
» tirer parti de ses Laines. Votre
» Truchement pourra vous rendre
» compte de toutes les raisons que
» j'ay employées pour le persuader,
» vous priant de vouloir bien vous
» le faire détailler, parce que je
» n'ai pas le tems. Je lui ai dit
» entre-autres qu'il s'attireroit la
» disgrace de l'Empereur mon
» Maître, s'il persistoit dans son

refus : Que je voulois bien être »
l'Ange de paix, qui cimentat »
l'ancienne correspondance ; & »
qu'enfin je ne me retirerois d'au- »
près de lui qu'il ne m'eût donné »
une favorable réponse. Il me l'a »
donné en effet, me promettant »
qu'il assembleroit son Divan ou »
Conseil & qu'il feroit en sorte que »
vous vous retiriez content. Je suis »
sorti avec cette flateuse esperan- »
ce, j'ay envoyé le Chancelier & »
l'Interprete peu de tems après, »
pendant que les fers sont chauds, »
pour lui indiquer les Patrons qui »
les ont en main. Ils viennent de »
me rapporter dans ce moment »
qu'il agit, & qu'il y a l'esperan- »
ce qu'ils seront délivrés. Jay «
l'honneur, Monsieur, de vous en »
donner avis expressément, sans »
oser vous l'assurer positivement, »
à cause de l'inconstance du per- »
sonnage. Il a employé pendant »
ma visite plusieurs démonstra- »

« tions cordiales, dont il convient
« que vous soyez informé par
« d'autres que par moi, tellement
« qu'il semble que ce ne soit pas le
« même homme ; & je puis dire
« que j'ay trouvé le bon quart d'heu-
« re. Je lui ai au reste inspiré de vous
« faire réponse, ou de vous envoyer
« quelques Officiers Turcs de sa
« part. Il ne l'a pas trouvé à propos,
« il s'en rapporte à ce que je vous
« marquerai. J'ay l'honneur d'être,
« Monsieur, avec un profond res-
« pect, Votre très humble & très-
« obeïssant Serviteur. De Lasne.
« A Alger ce 17 Juin 1731.

Le lendemain 18, on eut satisfaction de tous les griefs dont il avoit été question aux Audiences du Dey.

Pendant notre sejour à Alger, je visitai toute la Ville & les dehors qui sont très peu de choses. Je fus me promener à une Maison de Campagne qui appartenoit au défunt Conful M. Durand, diftante d'Alger d'environ deux lieuës; la campagne m'a paru très-fertile & bien cultivée. Nous y dinâmes, & à cinq heures nous revinmes à Alger. En entrant dans la Ville, il y avoit proche la Porte fur une petite Place environ cinquante Turcs ou Maures, qui fous pretexte de nous demander des fleurs que nous avions cueillis dans le Jardin du Conful, nous environnoient de toutes parts. M'étant apperçu que c'étoit plutôt à nos Mouchoirs ou Tabatieres qu'ils en vouloient, j'en avertis mes amis, ce qui n'empecha pas qu'ils ne volaffent le Mouchoir d'un de la Compagnie; l'on peut dire qu'ils filoutent avec beaucoup d'adreffe. Il eft certain que pendant notre féjour dans cette Ville, il a été volé plus de cinquante Mouchoirs ou Tabatieres.

Je ne reſtai pas aſſez long-tems à Alger pour faire moi-même un état auſſi exacte que celui que j'ai ici ; ce ſont des anciens Nationnaux qui ont une parfaite connoiſſance de tout ce qui ſe paſſe dans cette République de qui je le tiens, & qui depuis pluſieurs années s'en ſont fait une étude, & ſe ſont donnés des ſoins infinis pour venir à bout de cet ouvrage.

Etat de la République d'Alger.

Le Royaume d'Alger eſt ſitué entre les trente-quatre, & trente-ſept degrés de lattitude Nord, & entre les dix-huit & vingt degrés de longitude. Son étendüe eſt d'environ 160. lieuës d'Eſt à Oueſt, & de 90. du Nord au Sud ; mais comme il eſt borné du côté du Sud par des Côtes inhabitées, on ne peut déterminer ſon étendüe de ce côté-là.

Le Pays est fertil par lui-même, & pourroit être abondant en grains, fruits, bestiaux, gibier & autres ; mais les Terres sont incultes la plûpart, & cela par la tyrannie que les Turcs exercent sur les gens du Pays, que l'on appelle Maures ou Moures ; ce sont des especes de Sauvages dont les uns sont noires comme des Negres, & d'autres un peu plus blanc, & presque de la couleur des Mulâtres ; ils sont en grand nombre dans ce Pays, ils possedent la plus grande partie des Terres cultivées, les Turcs y étant en quelque façon Etrangers, & en fort petit nombre par rapport à celui des Maures. On compte dix-huit mille Turcs au plus dans toute l'étenduë de cet Etat, & presques mille Maures pour un Turc ; cependant la domination que les Turcs y exerçent est si absoluë, que les Maures n'oseroient remuer pour secoüer le joug pesant qu'on leur impose. Ils sont accoutumés dès leur enfance à regarder les Turcs comme des hommes d'une autre espece que la leur, & c'est ce qui contribuë à rendre ces Turcs plus insolents & plus libertins que ceux du Levant; parce que ceux-ci étant accoutumés à ne point travailler, & à prendre à discretion ce dont ils ont besoin chez les Maures, ne connoissent d'autre revenus, ni d'autre façon de s'enrichir, que le pillage, & font à peu-près sur terre le même métier qu'ils font sur mer.

De la dépendance de la République. Cette République dépendoit autrefois en Souveraineté du Grand-Seigneur qui y envoyoit un Bacha pour la gouverner; mais l'éloignement étant cause que ce Bacha s'y établissoit une puissance absoluë, & y commettoit beaucoup de violences, les Turcs du pays sont convenus peu à peu qu'ils seroient gouvernés par un homme d'entr'eux qu'ils éliroient sous le nom de Dey, & que le Bacha ou Envoyé du Grand-Seigneur qui y réside toujours pour la forme, n'y auroit plus qu'un vain rang de Primauté, sans aucune authorité ; c'est ce qui se pratique aujourd'hui.

La forme du Gouvernement est presque absoluë, quoiqu'elle ait le nom de République.

Le Dey s'élit à la pluralité des voix, ou pour mieux dire, par tourbe ou par acclamation publique ; il est perpetuel, dispose à sa fantaisie des charges & des revenus de l'Etat, décide de la Guerre & de la Paix, des mouvemens des Armées, & même des affaires Civiles & Criminelles. Quand il fait assembler le Divan qui est une espece de Conseil des Principaux de la Nation, c'est pour

De la forme du Gouvernement & du Dey en particulier.

la forme, ou pour se disculper des évenemens ; personne n'oseroit dire son avis, non-seulement pour contredire, mais pour appuyer celui du Dey ; il parle le premier, propose les affaires avec sa conclusion, & les autres se contentent de lui répondre. *Vous êtes notre Pere, & notre Maître, c'est à vous à juger de ce qui convient. Si vous faites bien vous serez récompensé, si vous faites mal, le mal tombera sur vous.*

Cependant malgré ce plein pouvoir, le Dey est à tous momens exposé à périr ; au moindre mécontentement de la Nation, soit pour le défaut de payement des Troupes, ou pour quelques autres sujets très-legers. La Taïfe se mutine & révolte, coure au Château du Dey pour l'assassiner. On ne cite qu'un seul exemple d'un Dey qui soit mort dans son lit, tous les autres ont été massacréés, pour l'ordinaire au bout de quatre ou cinq ans, & quelquesfois au bout de quatre ou cinq jours. Il y a sept ans que celui-ci regne, ce que l'on regarde comme une chose rare ayant déja évité trois fois le sort de ses Prédecesseurs, dont le dernier fut tué, en revenant de la Marine, de plusieurs coups de fusils au commencement d'Avril 1724. & il est à craindre que dans peu, malgré toutes ces précautions, il ne subisse le même sort que les autres.

La mort d'un Dey, n'est jamais vengée par son Successeur, ce qui rend la Licence effrenée sur ce sujet.

Le Dey a sous lui trois Beys *Des Beys.* qui sont des especes de Gouverneurs de Provinces & Généraux d'Armées. Ils ont chacun un Camp sous eux, composé de quatre mille Soldats ; l'un se tient au Levant, l'autre au Ponent & l'autre au Midi du Royaume. Ils sont nommés par le Dey, agissent sous ses Ordres, & sont absolus comme lui dans tous leurs Départemens ; leur emploi ordinaire est de parcourir la Campagne une fois l'année, & de ramasser à discrétion l'argent des Maures qui y habitent. Cette récolte fait un des principaux revenus de l'Etat. Celui des Beys qui raporte le plus d'argent à Alger à la fin de la course, est le mieux reçû & le plus estimé.

De la Milice. Les principales forces de l'Etat consistent en 13 ou 14 mille hommes de Troupes reglées ; la plus grande partie se tient à Alger, pour porter de là du secours dans tous les lieux où il est nécessaire. Ces Troupes logent en differens endroits de la Ville que l'on appelle Cazernes ou Cacheries, qui sont des logemens beaucoup plus propres & mieux entretenus que nos Corps de Gardes. Ils sont séparés par Chambrées de sept à huit Soldats & ont un Valet par Chambrée pour les servir ; leurs chambres sont propres & tapissées de nattes ; leurs armes y sont bien rangées, en bon état & garnies pour la plûpart d'agrémens d'argent, de corail & d'yvoir, le moindre Soldat en étant curieux & se piquant en cela de magnificence. Leurs lits sont sur des espéces d'Entresolles ou Tribunes à Balcons, ou l'on monte de la Chambre même par un petit Escalier. Ils ne font jamais d'exercice réglé chez eux, & s'exercent seulement à tirer quand bon leur semble. Ils se fournissent d'habillements & d'armes, qui consistent en un Fusil, deux Pistolets, deux Couteaux ou Bayonnettes, un Sabre, une Hache, un

D

Gargouffier, un grand & petit Poulvrain, une Culotte de toile & deux petits Casaquins ou Vestes fort courtes de la couleur qu'ils veulent, le tout propre & en bon état. Ils vont nuës têtes, & nuës jambes, excepté quelques-uns qui portent des Calottes.

Paye de la Milice. Leur paye se fait toutes les deux Lunes, la moindre est de quarante-cinq sols, & la plus forte est de vingt-cinq livres; le Dey lui-même n'en a pas d'avantage, & est couché sur l'Etat comme un simple Soldat. Et outre cela à chaque occasion de Bataille ou autre, comme Mariage de Bey, Naissance d'Enfant, Envoyé du Grand-Seigneur, & autres qui arrivent souvent cinq ou six fois l'année, elle s'augmente encore d'autant, de maniere qu'ils mettent fort peu de temps à venir de la basse Paye à la plus forte.

Ils ont quatre Pains par jour du

poid d'environ une livre chacun; ceux qui sont mariés n'ont ni logement ni nourriture ; la raison est que la République ne recueillant pas leurs successions comme elle fait celles des garçons, se croit obligée de leur moins donner. Tout Turc peut se faire inscrire, si bon lui semble, pour Soldat ; & le Dey ne peut le refuser ; aussi n'y en a-t'il guéres qui y manquent.

Quand ils sont en Campagne, ce sont les Maures ou les Esclaves qui portent leur Bagages & qui ont soin de leur préparer à manger. Leurs Compagnies sont de quarante hommes ; ils ont pour Officiers dans chaque Compagnie, un Capitaine, un Lieutenant, un grand Cuisinier ou Intendant, & un Sergent.

Des Camps & Armées

La Cavalerie est armée de Lances, la République les entretient de Chevaux, c'est-à-dire, on en donne un d'abord à chaque Cavalier & il est obligé de s'en entretenir toujours dans la suite, ce qui ne lui coûte gueres, parce qu'il en prend chez les Maures tant qu'il en veut.

Outre leurs Troupes reglées qui ne sont composées que de Turcs, ils assemblent tant de Maures qu'ils veulent pour joindre à leur Armée, & en mettent quelquefois vingt à trente mille sur pied. Ils en font un Corps séparé qu'ils ne mêlent point avec le leur, & qui n'a d'autre paye que la nourriture.

Les Camps sont composés d'un nombre de Tentes qui contiennent environ vingt hommes chacune. Il y a dans chaque Camp ou Armée un Aga qui est une espece de Juge choisi par le Dey, pour juger & punir les fautes des Soldats, & pour donner conseil aux Officiers. Les

Capitaines ne sçauroient rien entreprendre pour ce qui regarde la Police sans son avis, pas même châtier leurs Soldats. Le Bey commande tous les Camps en Souverain, à la réserve de la Justice Civile & Criminelle qui est reservée à l'Aga, qui fait de plus la fonction d'Intendant d'Armée pour les vivres, fourages, munitions, &c.

Ils n'ont guéres d'ordre de marche ni même de Bataille reglée; chaque Bey range ses Troupes à sa fantaisie. Ordinairement dans leur marches, ils mettent les Bagages dans le centre, un gros Bataillon d'Infanterie à la tête, deux Escadrons de Cavalerie sur les aîles, avec le reste de l'Infanterie derriere ces Escadrons sur deux colonnes & deux autres Escadrons de Cavalerie à la queuë, avec un petit Bataillon d'Infanterie. Dans le combat ils mettent l'Infanterie dans le centre & la Cavalerie sur les aîles.

De la Marine. Leur Marine est assez considerable par raport aux autres forces de l'Etat & au peu de facilité qu'ils ont de l'entretenir ; ils n'ont presque point de bois chez eux pour la construction de leur Vaisseaux, point de Mâtures, point de Chanvre, point de Cordages, point de Fer, point de Toiles, point de Gaudron, ni presque aucunes des autres choses nécessaires pour se mettre en mer ; cependant ils ont actuellement dix-neuf à vingt vaisseaux dans le Port, depuis soixante jusqu'a vingt Canons, dont il y en a toujours plus d'un tiers à la mer, sans compter les Felouques & Galliotes.

De tous ces Vaisseaux il n'y en a qu'un seul qui appartient à l'Etat, les autres sont à des Particuliers qui les arment quand bon leur semble, & qui vont avec où il leur plaît, après avoir demandé toutes fois la permission au Dey qui ne la leur refuse jamais.

Il n'y a point de Magazin géneral pour équipper les Vaisseaux, chacun a le sien particulier; leurs plus sûrs Magazins sont les prises qu'ils font à la Mer, dans lesquelles ils trouvent ce qui leur manque pour se racommoder, & pour mettre leurs Vaisseaux en état. Ils ont beaucoup d'adresse pour rompre & dépecer les Bâtimens qu'ils prennent, ils en conservent le Bois, Fer, Agrets, & en refont d'autres Bâtimens à leur usage.

Lorsqu'un Capitaine veut armer, ses Armateurs & ses amis lui envoyent le plus d'Esclaves qu'ils peuvent pour épalmer & agréer son Vaisseaux, ce qui ne dure pas long-tems; leurs munitions de guerre & de bouche ne sont pas abondantes; ils n'ont souvent qu'un Cable, & nuls rechanges. Quelques jours avant de partir le Capitaine met sa flame & tire un coup de Canon. Alors ceux qui veulent s'embarquer, soit Turcs ou Maures, chacun se rend à bord. Ils sont tous également reçûs, & le rôle ne s'en fait qu'à la Mer, ce qui fait que leur Equipages sont tantôt forts tantôt foibles. Chaque Turc porte un Fusil, un Sabre, & sa provision de Balles & de Poudre; ils vont au partage, & les Esclaves que l'on envoye gagnent même leur part pour leurs Maîtres. Les principaux Officiers qui sont dans chaque Vaisseau, sont l'Aga de la Milice ou Capitaine des Soldats. Le Rays ou Capitaine du Vaisseau, le sous Rays ou Lieutenant, le Codgea ou l'Ecrivain, les Maitres Canoniers & le Viteclair, autrement dit le grand Cuisinier ou Intendant, & quelques

ques autres Officiers subalternes. Il y a de plus, un Aga Bachy ou espece de Juge qui est mis par le Dey pour rendre la justice, & sans l'avis duquel le Capitaine ne peut rien faire.

Leurs Croisieres sont d'ordinaire de quarante ou soixante jours. Ils ne moüillent presque jamais, ils vont croiser sur les Côtes de Sardaigne, de Sicile, de Naples, de Toscane, de Genes, & d'Espagne, tant sur la mer Mediteranée que l'Oceane, & de plus sur les Côtes de Portugal, les Canaries, les Maderes, les Acores, jusqu'en Terre-neuve, & au Texel; ils ne mettent presque jamais Pavillon, ou le mettent masqué.

Des Prises. Lorsqu'un Corsaire a fait une prise il la remorgue si elle en vaut la peine, sinon il la pille & la coule à fond. En arrivant de sa Croisiere il va faire son rapport au Dey, & fait juger la prise. Le
E

Dey prend par préférence le huitiéme de tous les Esclaves & de tout le produit de la prise. Les Armateurs font vendre le reste qui se partage moitié entre l'Equipage ou Taïfe, & l'autre moitié entre les Armateurs suivant leurs conventions. Le Capitaine du Port s'empare par un droit particulier de tous les Agrets & Voiles de Poupe, la Taïfe de tous ceux de Proüe, ce qui n'est pas fort considérable. Le Capitaine ayant ordinairement pris soin de dégarnir la prise à la mer, le profit le plus certain qui y reste, sont les Esclaves qui se vendent plus ou moins selon leurs talens & leurs qualités. On ne les délivre point à la premiere Vente, on les recrie une seconde fois sur celui qui les a acheptés d'abord; le profit de cette seconde Vente appartient à la République.

Lors qu'un Bâtiment est pris à la mer, le Dey oblige les Armateurs d'en refaire un autre à leurs dépens, prétendant que la République ne doit rien perdre.

Leur Religion est la Mahometane, les Maures la professent ainsi que les Turcs, mais avec quelques differences, & ils estiment la leur beaucoup meilleure; au reste, l'exercice de toutes les Religions y est libre, même pour les Esclaves, & les Turcs ont soin qu'ils remplissent chacun exactement les devoirs de la leur. *De la Religion.*

Les Principaux de l'Etat sont, le Dey, le Bacha dont j'ai parlé ci devant, l'Aga de la Milice qui est le plus ancien Soldat, à qui on rend pendant l'espace de deux Lunes des honneurs extraordinaires, & à qui on donne une paye de deux cent Ecus; mais il n'a aucun pouvoir, il sort au bout *Des Principaux de l'Etat.*

de ces deux Lunes pour faire place à son successeur, & va passer le reste de sa vie en repos, sans être sujet à aucune charge, joüissant cependant de la paye ordinaire de vingt-cinq livres.

Du Cady. Le Cady qui est celui qui décide des affaires de la Religion, & devant qui passent les Ecrits & Contrats qui sont fort rares en ce Païs-là. Il est subordonné au Dey, qui ne se mêle pourtant point des affaires de Religion. Le Chiaya est celui qui doit succeder à l'Aga de la Milice. Les quatre grands Ecrivains sont proprement les Ministres de l'Etat qui tiennent les Livres des revenus & des dépenses de la République, & de toutes les affaires Etrangeres, & extraordinaires, ils sont nommés par le Dey, & sont toujours assis à sa droite pour exécuter ses ordres ; ils lui donnent leurs avis quand il leur demande & non autrement ; il ne leur demande guéres qu'en particulier : il y a outre cela quatre-vingt dix petits Ecrivains qui sont subordonnés à ceux-ci, & dont la plûpart n'ont de fonction que celle qu'on leur donne journellement.

Les Bays sont des Géneraux d'Armée, comme je l'ai dit ci-devant, qui sont nommés par le Dey, & qui lui sont subordonnés ; mais ils sont aussi absolus que lui, lors qu'ils sont dans leurs Camps. *Des Bays.*

Le Casnard Aga ou grand Trésorier, est celui qui fait mettre l'argent dans le Trésor, qui l'en voit sortir, & en tient Registre. On ne peut faire l'un & l'autre qu'en sa présence, mais il n'ordonne d'aucun fond, ni d'aucune dépense, & il ne peut même toucher l'argent. *Du grand Trésorier.*

Le Petromelgy, est celui qui

s'empare au nom du Dey, de tout le casuel, comme du revenu des Turcs morts sans enfans ou faits Esclaves ; on ne peut être enterré sans un Billet de lui.

Le Comtador est le Caissier du Trésor ; le Grand Cuisinier est un des principaux Officiers, & un de ceux qui est le plus dans la confiance du Dey, c'est celui qui a soin de sa table, & qui est l'Intendant de sa Maison.

Les Agas Bachy, Buluk Bachy, Odu Bachy, sont les principaux Officiers d'Armée, qui ne sont tous, à proprement parler, que des Capitaines d'Infanterie plus ou moins anciens.

Les Agas des Saphirs sont des Capitaines de Cavalerie.

Les Sagaidy sont les grands Porteurs d'eau qui ont des gens sous eux pour faire distribuer une quantité suffisante d'eau dans le Camp.

Les Chaoux sont un Corps

considérable composé de douze Turcs des plus forts, dont la principale fonction est d'exécuter les Ordres du Dey, soit pour arrêter ou faire punir qui bon lui semble. Ils sont vêtus de vert avec un Bonet singulier, ils ne portent aucunes armes, pas même de Couteaux; cependant ils arrêtent seuls les plus séditieux quand on leur commande, sans qu'il y ait jamais eu aucun exemple qu'on leur ait résisté.

Les Viquilargys ou Soulacs, sont des vieux Soldats qu'on charge de quelques exécutions particulieres, ils sont armés de Lances de Cuivre, & tirent de l'Arc de la main gauche.

Les Cayers sont les Receveurs des Tailles ou de la Doüane.

Le Capitan Bacha est l'Amiral ou chef de la Marine; il est nommé par le Dey, & n'a de pouvoir déterminé, qu'autant qu'il a la confiance du Dey & des Officiers de la Marine.

Le Vice-Amiral est le plus ancien des Capitaines de Vaisseau.

Les Reys sont les Capitaines, & chaque Capitaine a son Vaisseau seul, ou de moitié avec ses Armateurs, ils n'ont d'autorité les uns sur les autres que par ancienneté.

Le Reys de la Marine ou Capitaine du Port, est celui qui a soin de regler tout ce qui se passe dans le Port, il a pour cela une Jurisdiction particuliere, où il juge seul & fait exécuter les Jugemens sur le champ.

De la Justice. La Justice Civile & Criminelle se rend presque toute entiere par le Dey, il regle aussi la Police & les autres affaires qui lui sont subordonnées, les autres n'ont d'autorité que ce qu'il leur en laisse.

Les regles de la Justice sont fort courtes & fort simples, il n'y a jamais de Procès par écrit. Lors qu'il y a contestation sur les bornes d'un héritage ou sur une dette, la chose se prouve par Enquêtes ou par témoins; car les Créanciers ne se font point de Billets entr'eux: quand le Débiteur est condamné on lui délivre sur le champ trois cent coups de bâtons, & il paye le double quand il avoüe sa dette, & qu'il demande du tems fondé sur de bonnes raisons. On lui en donne un fort court, après quoi s'il ne satisfait pas, on fait vendre ses biens à l'enchere, sans autres Procédures jusqu'à concurrence de ce qu'il peut devoir; nos Voisins, sur cet exposé, ne feroient pas leur compte en ce Païs.

Le vol est puni de mort avec la derniere séverité, même pour les plus petites choses.

A l'égard des crimes de conscience, la Justice ne s'en mêle point, à moins qu'il n'y ait scandale public; ils prétendent qu'il n'y a que Dieu seul qui puisse juger les consciences.

Toutes les affaires telles quelles puissent être, tant Civiles que Criminelles & politiques se decident sur le champ par oüi & non, sans aucune formalité, & le jugement s'exécute dans le moment.

Des Suplices. Les Suplices sont la Bastonnade, étrangler, bruler, empaler, traîner à la queuë d'une Mule, ou accrocher les Criminels vivants à des grands Crochets de fer qui sont à la Porte de la Ville. Voilà les tourmens les plus en usage.

Les Turcs ne peuvent être châtiés en public, mais seulement dans la maison de l'Aga. Les Suplices publics ne sont que pour les Maures, Juifs, ou Chrétiens.

Il est assés difficile de marquer précisément en quoi consistent les revenus de la République, presque tout étant casuel & les prises tant sur mer que sur terre, en faisant la plus grande partie.

Voici ce qu'on a pû sçavoir à peu-près; mais cette estimation n'est pas fort juste.

Les Rays dont on a parlé rapportent tous les ans du Tribut des Maures.

Revenus de la République d'Alger.

Environ . . 250000. Piastres Cevilianes.
Du Domaine de l'Etat. 50000
Des Marchés & Foraines.
       12000
Du Tribut des Juifs... 12000
Du droit de Doüanne, entrée & sortie 50000
Du droit sur les Jardins & Boutiques 20000
Des Cires & Cuirs . . 12000
Des Chefs de Métiers... 6000
De la Ferme du Sel ... 6000
De la Lezine du Bastion. 10000
     ―――――
     128000

De divers autres petits droits

environ 4000
De la dépouille des Turcs
 ou Maures 50000
Du rachapt des Esclaves. 5000
Des prises environ .. 200000

Total .... 687000 Piastres

Sans compter les Droits en nature, comme Bled, Orge, Chevaux, Mulets, & autres qui servent à l'entretien des Armées, & à la subsistance de la Maison du Dey ; & sans faire mention des présens que les Marchands Chrétiens, Juifs, & Maures leur font, en assez grande quantité.

Les dépenses ordinaires sont la Paye des Soldats qui monte à ..
 360000 Piastres

D'autres dépenses pour les munitions des Armées pour entretenir les Villes &c. ... 60000

420000 Piastres

sans compter les dépenses imprévûës.

Tous les Turcs ou fils de Turcs font libres, & ne peuvent jamais être faits Esclaves. Tous Chrétiens pris par les Turcs les armes à la main, de quelque Nation qu'il soit, est fait Esclave, & vendu de la maniere dont il est marqué cy-dessus, au sujet des Prises. Les uns sont destinés au Belly ou à l'Etat, & ce sont ceux du Dey ; on les distribuë dans des Bagnes; on les employe à des ouvrages publics, & aux differents services de la République, comme au service des Soldats au Camp, &c. Ils sont nourris par le Dey ; & quand il les envoye à la mer, il touche les deux tiers de leur part, & leur laisse l'autre. C'est la fable de l'Huître partagée entre le Juge & les Plaideurs.

D'autres sont destinés pour les Galeres. Quand on en envoye, on ne leur donne point de Ration, ils vivent des Tavernes ou Boutiques qu'on leur permet d'avoir, & dont ils rendent même quelques chofes au Maître de la Galere.

D'autres tombent à des Particuliers, & font heureux ou malheureux, fuivant l'humeur de leurs Patrons. Quelques-uns acquierent tant de crédit dans leurs Maifons qu'ils y font fouvent plus maîtres que les Maîtres mêmes. D'autres en font continuellement maltraités. Leur emploi eft de faire tout ce qu'ordonne le Patron qui a un droit abfolu fur leurs biens & fur leurs perfonnes, étant maîtres de leur vie ou de leur mort fans en avoir aucun compte à rendre. Les plus à plaindre font ceux qui tombent entre les mains des Tagarins Maures ou Marchands d'Efclaves qui viennent pour les acheter, & qui ne cherchent que l'occasion d'y faire un grand profit. Ils maltraitent d'avantage ceux qu'ils croyent les plus riches, pour les engager à se racheter promptement.

Ce rachat se fait par les Peres de la Mission, ou par des Particuliers; les Peres de la Redemption viennent tous les ans, ou tous les deux ans, suivant leurs fonds. Ces fonds montent, années communes, à dix ou quinze mille livres. Dès que les Peres sont arrivés ils donnent trois pour cent de leur argent au Dey, & font ensuite une perquisition secrette, autant qu'ils peuvent, de tous les Esclaves Chrétiens, se donnant bien de garde de faire connoître ceux qu'ils considerent le plus.

Du rachat des Captifs.

Ils sont obligés de racheter d'abord un certain nombre du Belly, des Galeres, du Bacha, & des grands Ecrivains, ensuite ils marchandent les autres avec les Patrons, & en tirent le meilleur parti qu'ils peuvent. Il y a outre le prix particulier des Esclaves, des droits considérables à payer pour chacun ; ils montent à plus de soixante Piastres par Esclave ; il en est de même pour ceux qui sont rachetés par des Particuliers.

De la Ville, de la Rade & Port d'Alger.

La Ville d'Alger est située par les 36. degrés 49. minutes de l'attitude nord, & par les 24. degrés 30. minutes de longitude, sur le bord de la Mer Méditeranée.

Son abord est assés facile, les terres s'en découvrent de fort loin ; on arrive dans la rade par un vent d'Est à Ouest, en tournant par le Nord, mais les vents de Nord Est, & Nord Ouest, sont les traversiers. Les Vaisseaux y fatiguent beaucoup, parce que le vent & la Mer y entrent en même me-tems & on y est même en quelques dangers par les fréquents coups de Mer qu'on y reçoit dans le gros tems, & par les Ancres perduës qui sont en grand nombre dans cette Rade, ce qui coupent souvent les cables quand un Vaisseau chasse sur Ancre. On mouille à une lieuë & demie de la Ville par les trente & quarante brasses d'eau fond de vaze ; les deux Caps qui terminent la Rade sont, le Cap Cassine & le Cap Matifou. La Ville reste à l'Ouest dans la Rade presque au Sud du Cap Cassine ; elle paroît du mouillage à peu-près de la figure d'un hunier ; elle est élevée en amphiteatre, & toutes les maisons bâties en terrasses représentent une carriere ; elle peut avoir avec ses Forts une grande lieuë de circonférence.

Le Port est artificiel & formé par un rocher que l'on a joint à la terre ferme par un Mole tiré de l'Est à l'Ouest d'environ cinq cent pas. Il est petit & a peu de fond, & le vent de Nord y cause un ressac de Lames qui incommode souvent les Bâtimens. Au bout de ce Mole il y a un Fanal & un Fort bâti nouvellement & très bien voûté, qui contient environ quarante piéces de Canon en batteries.

Il y a quatre autres Forts autour de la Ville pour la défendre ; celui de Babasson qui est en bas est situé au midi, & celui de Babalouet au Septentrion. Les deux autres sont en haut dans les terres, & se nomment les Forts de l'Etoile & de l'Empereur.

La Ville est flanquée de vieilles Tours quarrées de même hauteur que les murailles, avec des petits fossés qui ne sont pas de grande défense, il y a deux autres petits Forts de douze ou quatorze Canons sur la rade au nord de la Ville du côté du Cap Caſſine.

Les Algériens aſſurent avoir tant dans ces Forts qu'au tour de la Ville quatre cent piéces de Canon de fonte en batteries, ce qui n'eſt pas aiſé de vérifier, parce qu'ils ne permettent pas que les Etrangers les viſitent ; il n'y a nulle apparence qu'il y en ait une auſſi grande quantité.

De la quantité de Canons de la République.

Les ruës de cette Ville ſont fort étroites, les maiſons toutes bâties en terraſſes (comme je l'ai déja dit ci-devant,) ſans aucunes couvertures, ſe touchent preſque toutes par le haut, de ſorte qu'on pourroit facilement du fête de ſa maiſon aller chez ſes voiſins. Il y a peu de maiſons qui n'ayent une cour, & les chambres ne reçoivent du jour que par des petites lucarnes qui donnent ſur la cour, ou bien par la porte ; il y a peu de fenêtres ſur

Des Ruës & Maiſons.

F ij

la rüe. Il n'y a dans Alger ni Jardins ni Places publiques. La Ville est fort peuplée ; on y compte environ 150000 âmes, dont il n'y a pas la douziéme partie de Turcs.

Des Etrangers.

Les Etrangers qui sont à Alger sont le Consul de France & sa famille, le Chancelier, & deux autres François qui y sont établis, & l'Agent de la Compagnie d'Afrique.

Le Consul décide de tous les différens qui peuvent survenir entre les Marchands François, & même entre toutes les Nations franches qui sont sous la protection de France. Il a le pas devant les autres Consuls, & prend soin des affaires du Royaume & de la Nation.

La Maison d'Angleterre où demeure le Consul de cette Nation n'est guéres plus nombreuse que celle de France.

On y voit la maison du Vicaire Apostolique où demeurent trois Religieux Missionaires, fondée par Madame d'Aiguillon pour l'assistance des Esclaves Chrétiens.

La Maison de l'Hôpital fondée par un Capucin Confesseur de Dom Juan d'Autriche. Ce Prince lui ayant envoyé une grosse somme d'argent pour se racheter des Algeriens par lesquels il avoit été pris; ce Pere employa cette somme à acheter la Maison de l'Hôpital, y fonda seize lits pour les Esclaves Chrétiens malades, & trois Religieux pour en avoir soin. Ce bon Religieux mourut Esclave quelques années après cette fondation. Le revenu de cette Maison peut se monter à deux mille Piastres ; ce sont les Peres Administrateurs d'Espagne qui en ont soin, & la Maison est sous la protection du Consul Anglois.

Il y a outre cela dans la Ville cinq mille familles de Juifs qui sont les Courtiers des Turcs, & qui font presque tout le commerce du pays ; ils payent tribut à l'Etat, & sont exposés à des avanies assés frequentes dans des cas de nécessité d'argent pour le besoin public.

Les Etrangers n'ont de commerce qu'entr'eux, ce qui rend ce séjour fort triste ; ils sont exposés même à des insultes & à des injustices fréquentes pour des affaires de leur Nation, dont il faut qu'ils dissimulent une partie.

Du Commerce.

Il arrive peu de Bâtimens en ce pays sur tout des François qui ne peuvent y porter des armes, & des munitions de guerre, comme font les Anglois, ce qui fait le principal commerce de ces derniers. Le reste du commerce consiste en Nolis de quelques Bâtimens que les Turcs prennent

DU LEVANT. 71

pour aller au Levant; à l'égard du commerce des Marchandises, c'est fort peu de chose. La sortie de tout le comestible est défendüe, tout le reste paye 5 pour cent d'entrée, & deux & demi ..e sortie. On y vend fort peu de Draps, Papier, Droguerie, Epicerie; on en tire quelques plumes d'Autruches, Cires, Cuirs, & Laine; mais en général il y a peu ·e profit à faire, tant par le peu d'argent qu'il y a dans le Pays, que par les frais du transport, & par l'incertitude de la bonne foi des ventes. Tout le commerce se fait par l'entremise des Juifs qui trompent, & font banqueroute pour la plûpart.

Les Charges de la Banniere d'Angleterre sont à peu-près les mêmes que celles de France, à la reserve du droit de Tonelage & de Cottino que les François payent de plus.

Des Monnoyes.

La Monnoye courante à Alger sont des Piastres legeres de la valeur de 2 livres 15. sols quand elles sont au-dessous de 3 livres. 10 sols, & quand elles sont au-dessus on les prend au poids. La Piastre d'Alger doit pezer deux pistoles & demie d'Espagne.

Les Sequins de Barbarie ou Sultanius valent deux Piastres & demie. Les Aspres sont une petite monnoye de la valeur d'un denier de France, deux cent trente-deux font la Pataque.

Des Poids & Mesures.

Le Quintal d'Alger peze poids de Marseilles 133 livres, & poids de marc cent six ; la livre est composée de seize onces, hors celle de Chocolat & de quelques autres Marchandises qui n'est que de quatorze onces. La livre de Dattes & de Raisins peze 27. onces.

Des Aulnages.

La mesure ordinaire des Etoffes

ses est le Pic de Turquie qui est une demie aulne & un pouce, les Etoffes d'or, d'argent, & de soye se vendent au Pic Mauresque, dont trois ne font que deux Pics & un tiers du Pic Turc.

Le génie des Turcs, & celui des Maures est différent, quoique les Maures soient à peu-près les mêmes. *Du génie des Turcs, & de celui des Maures, de leurs mœurs & manieres.*

Les premiers sont extrémement fiers, insolents, Pirates, accoutumés à mépriser les autres Nations, par l'habitude qu'ils ont d'en avoir d'Esclaves chés eux. Ils sont soumis religieusement à l'observation de leur Loi, & du gouvernement, même tant qu'il subsiste ; mais d'ailleurs mutins, inquiets, & toujours prêts à assassiner leur Chef au moindre sujet de mécontentement. Les plus sages d'entr'eux ont des principes de vertu & d'équité naturelle, dont ils ne s'écartent gueres; mais

G

le commun n'est retenu que par la crainte des châtimens.

Ils ont peu de politesse, peu de connoissance dans les Lettres & dans les Arts ; la plufpart ne sçavent ni lire ni écrire ; ils vivent de Ris, de Fruits, de Viande ou de Poissons rotis ; ils ne doivent jamais boire de vin selon leur loi, mais plusieurs en usent & s'y livrent même avec excès. Cette liqueur prise modérément, ne les rendroit-elle pas plus courageux ?

De leurs Visites. Ils ne se visitent presque jamais, excepté pour affaire. Ils ne se voyent que dans les Caffés, à la marine, chés le Dey, dans les carrefours, & sont souvent deux heures ensemble sans se rien dire.

De la Maison du Dey. La maison du Dey n'est gueres plus belle que celles des particuliers, excepté qu'elle est un peu plus grande ; il se tient presque toujours dans sa cour, assis sur un rebord de pierre ; c'est dans cet endroit où il tient son Divan ou Conseil. Il donne audience en haut dans un grand colidor vis-à-vis sa Cuisine; il n'a que deux petites chambres carlées de porcelaines du Levant, le reste de sa maison n'est qu'un Galetas où logent ses Officiers ; les Ecuries sont des méchants apeatis où il y a vingt-cinq ou trente chevaux attachés par un pied chacun, avec des chaînes. Je les ay trouvé fort vilains, à la reserve d'un gris pommelé que lui a donné le Roy de Maroc.

Un Turc ne peut voir la femme d'un autre. Les femmes vont voilées dans les ruës, n'ayant que les yeux découverts pour se conduire. Elles se visitent quelques fois entre-elles, & un Turc ne peut entrer chés lui lors qu'il y a une autre femme avec la sienne.

De la manière dont les femmes vont dans les ruës.

Les mariages se font la pluspart *Des Mariages.*

des Turcs avec des Mauresques. Ils ne les voyent point avant que de les épouser, ils sont obligés de s'en rapporter aux parens de la fille ou à des femmes du métier qui négocient l'affaire. Plusieurs de ces Mauresques sont blanches, & quelques-unes même assés belles; elles apportent un doüaire en mariage, qui consiste en fond de terre & argent; quoique suivant leur loi les Turcs puissent épouser quatre femmes, il est d'usage parmi les Algériens de n'en avoir qu'une. Les défauts naturels ne font point en honte chés eux; plusieurs même s'en font honneur.

Du Jeu. Il leur est défendu de joüer à aucun jeu où ils puissent perdre leur argent, ils ne joüent qu'à une espece de jeu d'Echets différent des nôtres; l'intérest du jeu consiste au plaisir de joüer.

De leurs Sermens. Ils n'oseroient jurer mal à propos le Saint nom de Dieu; il leur est très-expressément défendu. Ils regardent comme indigne d'eux de voler & piller pendant le tems d'un combat.

C'est un principe de religion chés eux de taxer le pain, le vin & le commestible. Ils estiment plus la profession des armes que toutes autres.

Ils oublient assez facilement leurs querelles le premier mouvement passé.

Ils regardent comme un principe de religion de laisser chacun libre dans la sienne, & ils estiment d'avantage ceux qui exercent le mieux la leur.

Ils embrassent tous la profession qu'ils veulent, pourvû qu'elle ne les arrêtent point lors qu'il s'agit du service de la République.

A l'égard des Maures il y en a de fort riches, & qui font un gros trafique, mais le commun est fort

De l'emploi des Maures.

misérable, les uns s'employent au service des Turcs, les autres vivent dans la campagne, la plufpart logent sous des tentes, y ayant peu de Villes formées & peu d'habitations bâties parmi eux. Ils s'assemblent par famille sous l'autorité d'un Chef qui répond de la taille pour la troupe. Ils cultivent un petit terrain & en changent quand ils l'ont usé, ou qu'ils s'en dégoutent; en général ils ont un profond respect pour les Turcs, qui cependant les traitent avec beaucoup de mépris & une extrême hauteur. Ces Maures sont méchans, voleurs, fourbes, & se trahissent les uns & les autres, ce qui fait que les Turcs en viennent à bout plus facilement qu'ils ne feroient sans cela.

Ils ont leurs Juges & Officiers séparés dans les Armées, & dans la Ville, ils ne se mêlent jamais avec les Turcs.

On dit même qu'il arrive souvent dans les combats, que les Turcs au nombre de huit à dix mille, terminent l'action de part & d'autre. Pendant qu'il y a un corps de troupes de 40000 Maures de chaque côté, qui les regardent battre sans prendre part à l'action, & qu'après la bataille les deux partis des Maures se rangent du côté du vainqueur.

Il y a aux environs & à cinq ou six lienës l'Alger, quelques peuples qui ne font point absolument soumis aux Turcs, & qui leur payent seulement un tribut, & leur fournissent du secours en temps de guerre. Ces peuples sont les Zoires, les Arabagys, les Topigys & les Gibegys.

Les Algériens se regardent comme forts supérieurs aux autres Nations voisines, qui sont Tunis, Fez, Maroc, & Sallé; ils le sont

De l'iutérêt de la République par rapport aux autres Nations.

effectivement & les ont presque toujours défaits dans les Guerres qu'ils ont eû ensemble ; cependant ils croyent de leurs intérêts de s'entretenir en bonne intelligence avec ces Nations ; parce qu'ayant dans le cœur de l'Etat pour principales ennemis les Maures qu'ils gouvernent, ils craignent des révoltes de la part de ces Sauvages qui seroient en état de les perdre dans un instant, s'ils se joignoient à leurs voisins.

A l'égard des Princes Chrétiens, comme ils n'ont pas les mêmes intérêts de les ménager, & comme leur génie & leurs mœurs les portent au pillage, & à faire le métier de Corsaire, ils ne sont pas fâchés de s'entretenir en Guerre avec eux, & pour avoir occasion de faire la Course, qui fait leur principal revenu. La Course leur est d'autant plus favorable, qu'il est vrai que l'Etat y gagne, lors même que les particuliers y perdent ; tant, parce qu'il profite de la dépoüille de tous les Turcs tués ou pris, que parce qu'il eſt des Loix de l'Etat que les Armateurs d'un Vaiſſeau pris, ſont obligés d'en faire un neuf à leurs dépens ; il eſt certain d'ailleurs qu'ils riſquent moins à perdre qu'à gagner dans la Courſe, puiſque pour quatre ou cinq mauvais Vaiſſeaux armés en Guerre qu'on leur prendra avec beaucoup de peine, ils prendront cinquante Bâtimens Marchands richement chargés, qui les dédommageront bien amplement du peu de mal qu'on leur aura fait. Il eſt vrai qu'un trop grand nombre d'ennemis les ruineroit bien-tôt, croiſant à l'entrée de leur Port, & les y tenant renfermés ; c'eſt ce qui fait qu'ils craignent d'avoir à faire à tous les Princes Chrétiens à la fois, &

entr'autres avec la France qu'ils ont regardés jusqu'alors comme la plus puissante.*

Le 19. nous nous rendîmes à Bord à six heures du soir, & le 20. à quatre heures du matin, le Commandant fit signal de désafourcher, A dix heures le vent étant à l'Est bon frais, on appareilla. A midy, nous étions sous voiles, le vent ayant continué à l'Est grosse Mer. Nous cinglames au plus près l'amur à Tribord & fimes route au Nord Nord Ouest. A sept heures du soir le Cap Cassine nous restoit au Sud,

* Cette Relation doit flatter d'autant plus les Lecteurs, que j'y ai évité de tomber dans les défauts de certains Voyageurs que je serois trop long-temps à critiquer, & qui semblent n'avoir voulu chercher que le merveilleux pour embellir leur Ouvrage en s'écartant de la verité. Eloigné de vouloir abuser mes Lecteurs, je m'attache moins à la beauté du style qu'à la pureté de la diction, & qu'à ne m'éloigner des bornes de l'exacte verité.

& le Cap Matifou au Sud-Eſt.

Les 21. & 22 nous eûmes très peu de vent : la hauteur obſervée ſe trouva de 38. Degrés 59. minutes Lattitude Nord. A cinq heures du ſoir nous vimes un Vaiſſeau qui faiſoit la même route que nous. Le Commandant fit ſignal de lui donner chaſſe par une Enſeigne blanche & un coup de Canon. Toute la nuit le vent d'Eſt continua & nous faiſions deux lieuës par heure.

Le 24. à un heure après minuit il mourut un Matelot de notre bord. A 5 heures du matin nous vîmes la terre, nous forçames de voiles pour la reconnoître. A neuf heures nous virâmes de Bord, l'air étant embruiné, faiſant beaucoup d'Eclaires & de Tonnerre, le Commandant fit ſignal de prendre un Ris aux Huniers ; pendant toute la nuit on courut avec les baſſes voiles carguées ; le lendemain vingt-cinq à quatre heures du matin nous vîmes un Vaisseau qui faisoit route au Sud Ouest, qui venoit de la Galipe que le Pere Jean-hau prend pour Gallipoli, dans la Description de son Voyage du Levant. A huit heures nous vîmes un Vaisseau Anglois qui faisoit route au Nord Ouest, & à neuf heures on jetta le Matelot à la mer.

Le 26. nous rencontrâmes un Pinque François qui venoit du Levant, & qui envoya son Canot à bord du Commandant pour prendre ses ordres pour la France, qui ensuite continua sa route, & salua de trois coups de Pierriers.

Le 27. à huit heures du soir, étant entre l'Isle Plane & le Cap Zebibe, l'on sonda, & ayant trouvé vingt brasses d'Eau fond de vaze. A neuf heures le Commandant fit signal de moüiller par cinq

Voyage du Pere Jean-hau.

coups de Canon, deux feux l'un sur l'autre aux Haubans de misaine, un sur le Beaupré, un autre sur la grande Hune, & un feu extraordinaire à la Poupe. A neuf heures & demi on moüilla par vingt-sept brasses d'Eau fond de vaze.

Le 28. au point du jour on appareilla pour aller moüiller à Tunis. A trois heures nous moüillâmes par les sept brasses d'Eau fond de vaze. Le nommé Sabatier Pilote Amiral qui étoit embarqué à bord du Commandant, faillit de le faire échoüer faute de connoître le Moüillage. M. Du Guay ne voulut plus le souffrir, & l'envoya sur le Vaisseau le Toulouze. A trois heures tous les Vaisseaux Marchands qui étoient dans la Rade saluerent le Commandant qui leur rendit le salut de trois coups de Canon. L'on s'affourcha Nord Nord Ouest, & Sud Sud Ouest.

Le 29. à sept heures du matin le Château de la Goulette falua de 21. coups de Canon; le falut fut rendu coup pour coup. A 9. heures le Conful de France vint à bord du Commandant, & quand il s'en retourna il fut falué de trois cris de *Vive le Roy*, & de neuf coups de Canon. A fix heures du foir il vint une Tartane prendre les futailles pour aller faire de l'Eau à Porte Farine, & à onze heures mourut fur notre bord un Ayde commis nommé Antoine Dumas natif de Toulon.

Le lendemain le Commandant défendit d'aller à terre jufqu'à nouvel ordre, ayant eû avis par une Tartane, que M. le Chevalier de Caylus avoit pris une Gaillotte Tunitienne qui croifoit du côté de Beauquaire. M. du Guay-Trouïn envoya à terre le Commiffaire de l'Efcadre & un Officier avec le Conful, avec ordre de dire au Bey ce qui s'étoit passé au sujet de sa Gaillotte, & de ne lui rien sceller, en même tems de sçavoir ses dispositions sur ce qui s'étoit passé au sujet des Pirateries commises par les Corsaires de sa République.

Ces Messieurs étant de retour, dirent à M. du Guay, que le Bey ne rendroit aucune satisfaction sur ce qu'on lui demandoit, qu'on ne lui eut rendu sa Gaillotte & ses gens.

Le 1. Juillet M. du Guay-Troüin envoya dire au Bey, qu'il ne partiroit point de sa rade qu'il ne lui eût octroyé ce qu'il lui demandoit, à quoi le Bey répondit, qu'il pouvoit y rester tant qu'il voudroit, que pour lui il partiroit dans deux jours pour aller à son Camp ; mais ensuite ayant réfléchi sur ce qu'il disoit, il parla autrement, & dit qu'il satisferoit à ce qu'on lui demandoit, pourvû qu'on lui promit de lui renvoyer sa Gaillotte & ses gens.

Le 2. le Bey envoya à Bord des présens qui furent distribués sur le champ aux Vaisseaux de l'Escadre. Tout le monde pour lors eut permission d'aller à Terre ; plusieurs Officiers furent chasser dans les ruines de Carthage, & nous, nous fumes à la Ville avec Monsieur Darcy Commissaire de notre Bord. Nous logeâmes chés le Consul où nous fûmes très bien reçus.

Je fus me promener dans la Ville, où il y a des fripons pour le moins aussi habiles qu'à Alger ; je puis en parler sçavamment, puisque malgré toutes les précautions que je prenois pour n'être point volé, il s'en fallut peu qu'il ne m'en coûta une Tabatiere.

Après avoir visité les dehors de la Ville, je rentrai par la même porte que j'étois sorti, & après avoir

avoir passé une petite Place qui est au bout de la ruë où demeure le Consul, je pris une prise de Tabac; ayant remis ma Tabatiere dans la poche de ma veste; un jeune Maure âgé d'environ vingt-cinq ans, ayant remarqué dans quelle poche je l'avois mise, s'approcha de moi & me la prit si subtilement, qu'à peine pus-je m'en appercevoir; mais étant toujours dans la défiance, je le surpris, & lui arrêtai la main en mettant ma Tabatiere dans son sein. Lors qu'il vit que je voulois lui ôter son vol, crainte qu'il ne le fasse passer dans d'autres mains, il le laissa tomber; ne lui tenant le bras que d'une main, il m'échapat dans le moment que je ramassois ma Tabatiere, & se sauva parmi nombre d'autres peut-être aussi fripons que lui, & je ne vis plus mon homme. L'on m'assura que ces filoux avoient un Protecteur auquel ils donnoient un Aspre par jour.

Je fus ensuite au Bazard qui est le lieu du marché, où il n'y a rien de curieux.

Description de Tunis. Tunis est bâti dans une Plaine sur le bord du Lac de la Goulette, à 2 lieuës de la Mer, sa figure est un quarré long, & est peu fortifiée, ses murailles sont flanquées de quelques petites Tours assez mal entretenuës. Il y avoit autrefois des fossez avec des Bastions, & quelques demies-Lunes; mais depuis que cette Ville est sous la domination des Turcs, toutes les Fortifications en ont été ruinées. Elle est célebre par le grand Commerce qui s'y fait avec toutes les Nations. L'on prétend qu'elle a été bâtie des ruines de Carthage, par les premiers Arabes qui vinrent s'établir en Afrique.

Château de la Goulette. Il y a sur le bord de la Mer

un Château nommé la Goulette, bâti à l'embouchure du Canal de ce nom qui conduit de la Mer à la Ville, en traversant le Lac qui a deux lieuës de long & autant de large ; il a été bâti par Barbe Rousse, un des plus fameux Corsaire de son temps.

Le trois, plusieurs Officiers vinrent dîner chés M. le Consul, & s'eu retournerent à bord l'après midi, parce que le Commandant étoit dans le dessein de mettre à la voile aussi-tôt que le vent seroit favorable. M. d'Arcy s'en retourna aussi, il n'y eut que M. de la Condamine qui resta à terre jusqu'au lendemain.

Le quatre nous nous rendîmes au Château de la Goulette où nous arrivâmes à sept heures du matin ; ayant mis pieds à terre, & ne voyant aucune apparence de partir, M. de la Condamine remonta à cheval avec un Marchand François & fut voir les ruines de Carthage; je ne pûs y aller avec lui par rapport à notre Equipage & plusieurs emplettes que nous avions faites à Tunis; je restai proche le Château sur le bord de la Mer, avec plusieurs Turcs qui s'éfforçoient de me parler un langage auquel je ne comprenois rien. Je restai tranquile jusqu'à neuf heures que M. de la Comdamine m'envoya dire qu'il avoit trouvé une Chaloupe qui s'en retournoit à bord & qu'il avoit profité de l'occasion pour y aller; que dans peu l'on viendroit me chercher.

L'Auteur croit rester à terre.

J'attendois patiemment le moment de partir, lors qu'à dix heures le Commandant fit signal de désafourcher ; je commençai pour lors à m'inquieter & croyois que l'on m'avoit oublié, ne voyant venir aucune Chaloupe pour me prendre ; mon inquiétude augmenta beaucoup, lorsqu'à midi personne n'étant encore venu, j'entendis tirer le coup de Canon de partance; ayant pris ma lunette d'approche, je découvris que le Commandant avoit mis pavillon pour apareiller. Ce fut dans ce moment que je crus rester proche le Château de la Goulette. Je cherchois en vain auprès des Turcs qui sont pour la garde de ce Fort, les moyens de retourner à bord, lors que j'apperçus la Chaloupe d'un Bâtiment Marchand François qui venoit prendre des provisions au Château proche lequel j'étois resté; je fus sans perdre de tems parler au Capitaine qui heureusement étoit dedans, je lui représentai le peu de tems qui me restoit pour me rendre aux Vaisseaux du Roy qui étoient prêts à faire voile, & éloignés de Terre d'environ deux lieuës, & le priai de me prêter sa

Chaloupe pour me conduire à bord. Il me l'octroya avec beaucoup de politesse; je m'embarquai sur le champ & pris congé du Capitaine que je remerciai mille fois. Il y avoit six Matelots dans la Chaloupe dont cinq ramoient, & pour les faire ramer tous six, je me mis au gouvernail que le sixiéme conduisoit. Nous partîmes avec vent contraire & beaucoup de Mer, par conséquent nous allions très doucement. J'arrivai enfin dans le moment que l'on mettoit l'Ancre dedans, & que le Vaisseau alloit forcer de voiles: tout l'Equipage fut surpris de me voir arriver, & surtout M. de la Condamine qui étoit très inquiet de moi, & voyoit le moment que je restois à Terre sans pouvoir m'envoyer chercher; j'embarquai tout notre Equipage par un Sabord de Ste Barbe, & fis rafraîchir les Matelots qui m'avoient amenés qui furent auſſi gratifiés par M. de la Condamine. Je n'étois pas le ſeul qui avoit couru le riſque de reſter à Terre, pluſieurs Officiers étoient encore dans les ruines de Carthage lors que j'étois proche le Château de la Goulette. J'aurois eu ſans y penſer de quoi me conſoler d'une pareille avanture; ils arriverent à leurs bords peu de tems après moi par de mêmes occaſions.

Nous partîmes de la Rade de Tunis avec le vent de Nord Oueſt à deux heures après midi. A ſept heures du ſoir n'ayant pû doubler les Imbres, l'on vira de bord vent arriere, & l'on prit lof pour lof. Le Commandant fit ſignal de retourner au Moüillage, & l'on fit route à l'Oueſt Sud Oueſt pour retourner moüiller à Carthage. L'on moüilla entre Port Farine & ledit Cap, par les 37. braſſes d'eau fond de vaze.

Le 5. à neuf heures du matin, le Commandant fit signal d'appareiller ; à onze heures nous étions sous voiles, avec un vent de Nord Nord Est bon frais. On ne fit que louvoyer toute la journée pour doubler les Imbres. A sept heures du soir n'ayant pû les doubler, l'on continua la bordée au large. A dix heures le vent ayant molli, l'on mit en Panne jusqu'au lendemain huit heures du matin.

Le six nous continuâmes notre route avec fort peu de vent. Le 12. hauteur observée 33. degrés 43. minutes lattitude Nord. Ce même jour le Commandant fit signal de donner chasse à la Terre ; à cinq heures du soir on la reconnut.

Le 13. on découvrit le Château de Tripoly & les Datiers qui y sont en grande quantité. Peu après l'on apperçut la Ville fort distinctement. A six heures nous

nous moüillames par les 17. brasses d'eau fond de vaze.

M. le Conful vint à bord du Commandant, & en retournant à terre il fut falué de trois cris de *Vive le Roy*, & de neuf coups de Canon. Les Vaiſſeaux Marchands qui étoient dans le Port faluerent le Commandant de toutes leurs bordées; le falut fut rendu d'un coup feulement. Perfonne ne fut à terre ce même jour.

Le lendemain quatorze tout le monde fut à terre, & tous chés le Conful, maîtres & domeſtiques chacun étoit bien reçu.

Il fit faire bonne chere à tous ces Meſſieurs; mais n'ayant chés lui que fort peu de chambres, chacun ne pouvoit avoir la fienne; & pour que tout le monde fut couché, on mit des matelats par terre dans un grand Salon où tous fe coucherent ; de forte que la nuit se passa avec beaucoup de tapage sans que personne put dormir.

Audience du Bey de Tripoly.

Le 15. à neuf heures du matin, nous fûmes à l'Audience du Bey, pour accompagner M. le Marquis d'Antin qui fut envoyé par M. du Guay pour faire exécuter les derniers Traités, & satisfaire aux Conventions faites après le dernier bombardement. Il fit présent au Bey d'une paire de Pistolets magnifiques, dont les canons étoient carabinés & se démontoient en trois endroits ; il reçut ce présent avec beaucoup de joye, & après les avoir consideré fort long-tems il ordonna de gratifier le domestique qui les avoit apporté, à qui on donna dix Sequins Venitiens.

M. le Marquis d'Antin fut accompagné, à cette Audience, d'un grand nombre d'Officiers, & de tous les Gardes Marines en habits d'ordonnances. Comme il faisoit fort chaud, pendant toute l'Audience un Officier qui étoit auprès du Bey le rafraîchissoit avec un grand Eventail de plumes. Il étoit assis au coin de la Salle à gauche sur un Carreau magnifique & richement brodé. M. le Marquis d'Antin étoit à sa gauche, tous les Officiers & Gardes Marines étoient assis devant lui & formoient un demi cercle. On apporta du Caffé & de la Limonade en grande quantité que l'on distribua à toute l'assemblée ; ensuite l'on brûla des parfums dans la Salle où nous étions. Après avoir été parfumés l'on répandit sur nous beaucoup d'Eau-Rose, & d'autres Eaux de senteur. L'Audience finie, nous sortîmes du Château du Bey dans le même ordre que nous y étions entrés.

Je fus ensuite au Bazard ou Marché qui se tient hors de la

Du Bazard.

Ville dans une grande Plaine sur le bord de la Mer. Cette promenade seroit fort agréable sans la quantité de sable qui s'y trouve, & qui dans cette saison cause une chaleur excessive. Cette Plaine est plantée de grands d'Atiers où l'art n'a aucune part; il y a aussi quantité de Jardins qui sont arrosés par des Puits où l'on tire l'eau avec une machine faite en maniere de Balancier. A cette Machine sont attachés plusieurs sçeaux de côté & d'autre. On attelle un Bœuf à une corde qui tient au Balancier. Ce Bœuf tire en descendant dans une fosse faite exprès, qui a dans sa pente environ soixante pas; quand le Bœuf est au bout de ladite fosse les sçeaux sont hors du puit & se vuident dans un réservoir de pierre. Le Bœuf retourne auprès dudit puits, où étant arrivé, d'autres sçeaux se trouvent encore dehors & se vuident ainsi que les

Puits de Tripoly.

premiers. L'on se sert de cette Machine aux Puits très profonds. Et à ceux qui le sont moins on se sert d'une roüe où sont attachés plusieurs Godets qui se vuident dans une espece d'auge qui est sous le bord du Puits d'où l'eau tombe dans un réservoir à mesure que l'on fait tourner la roüe.

Revenu du Bazard je parcourus toute la Ville qui se ressent beaucoup du dernier bombardement; il y a encore quantité de maisons entierement ruinées, des pens de murs abbatus; en un mot, beaucoup de dégât.

L'après midi je fus aux Bains avec un de mes amis. Ce sont des Etuves dont le pavé est de marbre, & au milieu est une grande tombe de marbre d'environ huit pieds de long sur cinq de large, relevée d'un pied du pavé sur laquelle on se couche pour se faire frotter.

Bains de Tripoly,

Ces sortes de Bains sont faits en Dôme, & ne reçoivent du jour que par des petites lucarnes vitrées qui sont à la voûte, il y a des Fontaines d'eau tiede dans des petits Cabinets au fond du grand Sallon pour se laver soi-même. L'on se déshabille dans une grande Salle très-chaude, où sont des relais de pierre sur lesquels il y a des nattes & l'on y fait porter des matelats & des couvertures quand on veut s'y coucher sortant du Bain. Les Turcs y restent très-long-tems & prétendent que cela est bon. Il faut passer trois portes très-bien fermées avant que d'arriver dans l'Etuve, où étant entré on se couche sur cette grande pierre dont je viens de parler, ensuite un Turc, Garçon du Bain, vient, ayant à sa main un morceau d'étamine de la longueur de six pouces & rembouré de morceaux d'étoffes formant par conséquent une brosse assez dure ; un autre Garçon apporte de l'eau qu'il verse sur le corps pendant que son camarade le frotte ; après avoir été bien frotté pour ne pas dire étrillé, on me retroussa les jambes derriere le dos d'une si grande force, que je pensai qu'on avoit juré de me rompre les os ; je crus véritablement avoir les cuisses & les jambes rompües. Je priai ces baigneurs peu caressans de cesser, & les dispensai en même-tems de cet exercice que je trouvois un peu trop rude. L'on prétend que cette façon de baigner est fort bonne, mais il est selon moi difficile de s'y accoutumer.

Le même jour M. le Consul d'Hollande donna un magnifique souper à Messieurs d'Antin, de Florensac, de Thessé, de la Condamine, d'Arcy, du Revest,

& autres. Sa Maison, ainsi que sa cour & les galleries étoient illuminées. Le souper dura jusqu'au lendemain cinq heures du matin.

Arc de Triomphe. L'on voit dans cette Ville un Arc de Triomphe, à quatre faces, bâti par les Romains, tout de marbre sculpté en bas relief, dont l'inscription est si mutilée qu'on ne peut la déchiffrer ; on a fait un Magazin dans le lieu qui le renferme.

Départ de Tripoly. Le 17. tout le monde se rendit à bord & nous fimes voiles à neuf heures & demi avec fort peu de vent.

Depuis notre départ de Tripoli jusqu'au vingt-six, nous fimes très-peu de chemin, ayant toujours vent contraire & souvent point du tout. Ce même jour nous reconnumes l'Isle de Candie. Comme M. du Guay-Trouin avoit envie de finir sa mission le plûtôt qu'il lui seroit possible, il convint que l'Escadre se sépareroit à la hauteur du Cap Saint Jean; que les Vaisseaux l'Esperance & le Toulouze iroient à Tripoly de Sicie, & à Alexandrette; & que le Leopard & l'Alcion iroient à Alexandrie, à Saint Jean d'Acre & à Seyde, & que le rendez-vous seroit à l'Ernica en Chypre.

Le 27. à cinq heures du matin le Commandant se rangea à l'Est pour faire sa route & nous au Sud Est ¼ d'Est ayant aussi bon vent que nous; à sept heures nous le perdîmes de vûë; & à midi nous apperçumes quatre Vaisseaux à environ cinq lieuës de nous. Comme le Leopard, à bord duquel nous étions embarqués, étoit pour lors Commandant, il mit sa flamme au grand mâts & arbora Pavillon blanc au bâton d'Enseigne; ces

L'Escadre se sépare.

quatre Vaisseaux arborerent Pavillon rouge, & nous passerent au vent; étant par notre travers à environ deux lieües de nous ils nous saluerent de trois coups de Canon, le salut leur fut rendu coup pour coup, & ils remercierent d'un quatriéme coup. Trois de ces Vaisseaux étoient Algériens, & le quatriéme, une prise faite sur les Venitiens.

Le 28. nous vîmes la terre d'où nous n'étions éloignés que de cinq lieües. A quatre heures on reconnut la Tour des Arabes qui nous restoit à l'Est quart Sud Est; hauteur observée 31. dégrés 16. minutes latitude Nord.

Le 29. nous vîmes les Bequiers que notre Pilote Côtier prenoit pour Alexandrie. Le Pilote de l'Alcion, connoissant mieux la Côte, vit par la route que nous faisions, que le nôtre se trompoit, & en donna avis à M. de la Valette qui nous fit signal de l'attendre pour nous parler ; nous mîmes en panne ; il nous passa à Poupe & nous dit que nous nous trompions, que c'étoit les Bequiers que nous prenions pour Alexandrie. Notre Pilote voulut soutenir le contraire, offroit même sa tête à couper s'il se trompoit. M. le Chevalier de Camilly ne se fiant pas tout-à-fait à cet homme, dit à M. de la Vallette de passer devant. L'on tira trois coups de Canon de distance en distance pour avertir le Consul d'Alexandrie de l'arrivée des Vaisseaux. Nous courions toujours la même bordée, parmi les rochers & les bas fonds sans sçavoir où nous étions, ni connoître le danger qui nous menaçoit.

Une heure après avoir tiré, nous apperçûmes une Chaloupe qui alloit à bord de M. de la

Valette, pour lui enseigner le moüillage & éviter les écueils. C'étoient des Turcs de la Garde du Château des Bequiers, qui crurent, en entendant tirer de moment à autres, que nous étions prêts à échoüer, & que nous demandions du secours; ils nous montroient avec leurs turbans la route que nous devions tenir. Nous moüillames enfin sans accidents à onze heures du matin par neuf brasses d'eau fond de roches.

Moüillage des Bequiers devant Alexandrie.

Le 30. le Consul vint à bord avec le Drogman & plusieurs Marchands François établis à Alexandrie, pour traiter des affaires de la Nation; ils dînerent à bord de M. de Camilly; l'après midi nous partimes avec eux pour aller à terre, sur un Bâtiment du pays que l'on nomme Germes. Ces sortes de Bâtimens sont bons voiliers; nous arrivâmes en deux heures du moüillage à Alexandrie, distance de sept lieuës des Bequiers. En entrant dans le Port tous les Bâtimens saluerent, ainsi que le Château ; nous logeâmes chez M. le Consul, où nous fumes très-bien reçus.

Le lendemain M. de Camilly vint à terre avec beaucoup d'Officiers dont la pluspart logerent chés des Marchands, n'y ayant point assés de place chés le Consul. A l'arrivée de ces Messieurs, les Vaisseaux du Port saluerent, & le Château salua à boulets. Il y eut pendant trois jours chés le Consul trois tables très-bien servies, & l'on peut dire qu'il fit faire bonne chere & traita bien ses nouveaux hôtes. Ce Consul se nomme M. d'Hesse, homme d'environ 60 ans, qui a épousé depuis peu une des filles du Consul de Chio, agée de 18 ans.

C'est une Dame fort aimable dont il est, à ce que l'on dit, un peu jaloux ; il n'en donna cependant nulles marques pendant tout notre séjour dans cette Ville, peut-être pour s'accommoder au gout François.

Ruines d'Alexandrie. Ce même jour après diner, nous fûmes visiter les ruines de l'ancienne Alexandrie. Pour cet effet, nous montâmes sur des Asnes moyennant quatre parats chacun. Nous étions vingt-cinq ou trente hommes à courir dans ces ruines sur ces sortes de montures, sans brides ni étriers, de sorte qu'il falloit se tenir dans l'équilibre ; & souvent en cherchant à s'y mettre, l'on tomboit.

Nous fûmes dabord voir cette belle Colonne, dite de Pompée, dont on parle tant. M. de la Condamine la mesura très-exactement, & trouva qu'elle avoit quatre vingt-quatorze pieds de haut, y compris le pied d'Eſtal & le chapiteau ; le fut, qui eſt tout d'un ſeul bloc, eſt haut de 70. pieds, & huit pieds de diametre dans ſa moyenne épaiſſeur. La baſe & la colonne ſont poſées ſur une pierre iſolée de douze pieds en quarré. Le pied d'Eſtal eſt dégradé tout à l'entour. Cette Colonne eſt de ce beau granite tiré des carrieres de la haute Egypte.

Elle eſt dans les champs, éloignée de l'ancienne Ville d'environ ſix cent pas. Nous revinmes enſuite dans l'Egliſe de Ste. Catherine qui appartient aux Grecs Schiſmatiques, où l'on nous fit voir la pierre ſur laquelle on prétend que la Ste. eut la tête tranchée.

Paul Lucas dit avoir vû du ſang ſur ladite pierre. Nous l'avons examinée de tous ſens, même avec un flambeau, parce

Voyages de Paul Lucas.

que le lieu est un peu obscur. Comme c'est un bout de colonne de marbre blanc, nous n'y apperçûmes que quelques petites veines rouges qui sont fort communes à ces sortes de marbres ; ce sont peut-être ces veines rougeâtres que Paul Lucas & d'autres ont pris pour être du sang de Sainte Catherine, ce qui doit suffire pour désabuser un Lecteur trop crédule ; ce bout de colonne a environ deux pieds & demi de haut.

Aiguille de Cleopâtre. Sortant de ce lieu, nous fûmes voir l'Aiguille dite de Cleopâtre, qui a soixante pieds de haut, & d'un seul bloc, du même granite que la Colonne de Pompée. Il y a sur cet Obelisque plusieurs caracteres Arabes, des figures d'Oiseaux, & d'autres Animaux. Il y en avoit autrefois quatre comme celle qui existe actuellement, entre
lesquels

lesquels Cleopâtre se promenoit dans son char. Celles qui manquent ont été enlevées par les Turcs & employées à construire des Mosquées.

L'on ne voit parmi toutes ces ruines, que Colonnes, Cyternes, Pilastres & autres monumens qui font voir aujourd'hui qu'elle étoit autrefois la splendeur de cette grande Ville, qui après Rome étoit la Capitale du monde.

Situation d'Alexandrie.

Cette Ville est bâtie dans une Plaine sur le bord de la Mer, 332. ans avant Jesus-Christ, proche un des sept bras du Nil, que nous nommions l'Embouchure de Canope.

Fondation de l'Eglise.

L'Eglise d'Alexandrie fut fondée par St. Marc vers l'an 50 de J. C. La 7e. année de Neron, & elle a eû le titre de Patriarchat qu'elle conserve encore.

Chaire de Saint Marc.

Nous vîmes dans une Eglise

qui appartient aux Arméniens, une Membrure de Fauteüil de bois poſée ſur une pierre de quatre pieds de haut, que l'on dit être la Chaire dans laquelle St. Marc Prêchoit. Les Grecs & les Arméniens le croyent fermement, je le veux bien croire auſſi ; mais en tout cas, St. Marc n'étoit pas trop à ſon aiſe, ſi ſa Chaire n'étoit pas dans ce tems-là en meilleur état qu'elle eſt actuellement.

Des Fortifications.

La Ville étoit autrefois très-bien fortifiée, ſes murailles étoient hautes, flanquées de Tours diſtantes l'une de l'autre de trois cent pas, dans chacune deſquelles eſt une Salle ronde dont la voûte eſt ſoutenuë de Colonnes, où l'on pouvoit mettre environ cent hommes ; au deſſus deſdites Tours étoit une platte-forme où l'on auroit pû placer encore autant de combattans. Il y a auſſi des Embrazures & des Meurtrieres ; quelques-unes de ces Tours subsistent encore.

Le deux nous fûmes voir les Catacombes, où sont les sépultures des anciens Egyptiens Ce lieu est éloigné de l'ancienne Ville d'environ une lieuë. Pour y aller nous nous servîmes encore de nos mêmes montures, & nous étions environ le même nombre de Cavaliers. Il y avoit avec nous les deux Aumôniers de nos Vaisseaux, & deux Capuçins d'Alexandrie qui marchoient à la tête de notre Escadron.

On descend dans ces Souterrains par une espece d'Escalier, ou du moins on juge par la situation de l'entrée qu'il y en eût autrefois un. Après avoir descendu environ vingt pas, on trouve au fond, des Tombeaux taillés dans le Roc de trois pieds de large, sur six de profondeur ; à

Catacombes d'Alexandrie.

main gauche en entrant on voit des souterrains que les eaux ont comblés, dans lesquels on ne peut entrer ; au milieu à main droite nous entrâmes par un trou fort étroit, où l'on ne peut passer qu'en se traînant sur le ventre. Nous descendîmes donc par ce trou, dans une grande Salle d'environ quarante pieds de long sur douze de large. Des deux côtés & au fond de ladite Salle sont des Sépulchres tous taillés dans le Roc de même que ceux dont je viens de parler. Il y en a quelques-uns faits différemment. On entre par un de ces Sépulchres ordinaires, au fond duquel est une petite chambre ronde d'environ trente pieds de circuit, tout au tour de laquelle chambre, & dans le Roc sont des Sépulchres de même que ceux de la grande Salle. On prétend que ces lieux, ainsi distribués, étoient destinés pour des familles entieres. Il y a dans tous ces Sépulchres beaucoup de sable que l'on employoit à conserver les corps. Ces souterrains ne reçoivent le jour d'aucun endroit, on est obligé d'y porter des bougies, & on assure qu'ils s'étendoient autrefois très-loin, & que ce que nous avons vû n'en étoit que la plus petite partie, parce que les eaux ayant miné dans plusieurs endroits en ont fermé l'entrée.

Après avoir vû ces lieux nous remontâmes sur nos Asnes, & à peine avions-nous fait cent pas, qu'un de nos Capucins fit la culbutte avec sa monture. Je ne puis dire au juste lequel portoit l'autre dans ce moment; c'étoit au Commandant de notre Escadron à qui ce contretems arriva, qui en fut quitte pour la peur. Il ne fut pas le seul, beaucoup d'autres eurent le même sort.

Le lendemain M. de Camilly retourna à son bord, ainsi que Messieurs les Officiers. Nous restâmes à terre jusqu'au neuf, jour de notre départ.

Fours à Poulets.

L'on me fit voir des Fours à Poulets, dans lesquels on met un millier d'œufs & plus pour les faire éclore de même que s'ils avoient été couvés par des Poules. On y maintient le même dégré de chaleur que celle qui vient de la Poule, & au bout du terme ordinaire les œufs éclosent. L'on fait sur le champ avertir tous les habitans de la Ville, & ceux qui veulent des Poulets viennent en acheter & les nourissent chés eux. Ils ne deviennent presque jamais gras & n'ont pas si bon goût que ceux qui ont été couvés par des Poules.

Départ d'Alexandrie.

Nous nous embarquâmes le neuf pour nous rendre à bord, M. Pignon Consul du Caire y arriva le même jour, & reçut de M. de Camilly les ordres de la Cour; le lendemain il s'en retourna avec le Vice-Conful & plufieurs Marchands de cette Ville.

Le onze à quatre heures du matin l'on appareilla, & à fix heures nous étions fous voiles, ce même jour nous eûmes très-peu de vent. Le 12. la hauteur obfervée on trouva 32. degrés 34. minutes latitude Nord; le 13. nos Pilotes s'étant trompés dans leurs calculs, fe croyoient à 30. lieuës de St. Jean d'Acre, & ayant propofés leurs points, l'on en fit une opération par laquelle on leur fit connoître l'erreur où ils étoient.

Le 14. le vent continua bon frais, & le 15. nous vîmes la terre & reconnûmes le Mont Carmel. A 9. heures nous moüillames entre le Carmel & St. Jean

Mouillage de la Rade de Caïffa.

d'Acre ; à 10 heures la Ville salua, & à deux heures de relevée le Conſul vint à notre bord avec pluſieurs Marchands, qui après avoir traité des affaires de la Nation, s'en retournerent à terre. Nous ne manquâmes point l'occaſion du Bâtiment du Conſul & des Marchands ; nous partîmes avec eux, le vent étant contraire, nous n'arrivâmes à terre qu'à neuf heures du ſoir.

M. de la Condamine étant dans le deſſein d'aller à Jéruſalem, comptoit que nous partirions cette même nuit pour Nazareth, & que nous preſſerions notre route le plus qu'il nous feroit poſſible ; mais comme il étoit fort tard, ne pouvant avoir des Chevaux, nous fûmes obligés d'attendre juſqu'au lendemain ; il fallut employer l'autorité de l'Aga pour en avoir ; à la fin on en trouva, à neuf heures

res du matin nous partîmes d'A-
cre pour nous rendre à Nazareth,
& on nous donna pour escorte
un Janissaire & deux Fusiliers.

VOYAGE
DE
JERUSALEM

Août 1731. LE 16. nous partîmes d'Acre pour Nazareth, avec le Pere Hypeau qui s'étoit embarqué sur notre bord à Alexandrie, avec l'escorte telle que je viens de le décrire ci-devant ; après que nous eûmes marchés environ deux lieuës, nous entrâmes dans une espece de bois taillis où nous apperçûmes trois Arabes qui venoient à nous, dont deux étoient à cheval armés de lances, & l'autre à pied portant un bâton à sa main ; aussi-tôt que notre Janissaire le vit, il nous dit de nous tenir sur nos gardes, & que c'étoient des voleurs ; nous prîmes nos pistolets dans le dessein de nous bien défendre si nous étions attaqués; mais ils passerent à côté de nous sans oser rien entreprendre.

Sortant de ce taillis, nous entrâmes dans un bois de haute futaye où le danger n'étoit pas moins grand que dans la rencontre que nous venions de faire. Notre Guide nous avertit de marcher le pistolet à la main, & nous le traversâmes sans aucune mauvaise rencontre. Il n'y avoit que huit jours que des Villages voisins de ce lieu étoient en guerre l'un contre l'autre, & venoient camper dans ces environs.

En sortant de ce bois nous entrâmes dans la Plaine de Zebulon qui m'a paru très-fertile. *Plaine de Zebulon.*

A une lieuë de ladite Plaine, est à main droite sur la croupe d'une montagne, une Eglise dé- *Eglise dédiée à Ste Anne & à St Joachim.*

diée à Ste. Anne & à St. Joachim, que Ste. Heleine fit bâtir dans le lieu de leur demeure. On y voit, quoi-qu'elle soit presque ruinée, beaucoup de pierres sculptées, des pilastres, des fragmens de colonnes, & d'autres monumens, qui font voir que ce bâtiment étoit beau & grand. Cette Eglise est desservie par un pauvre Prêtre Grec à qui M. de la Condamine fit la charité; en reconnoissance de ce bienfait, il nous donna des Pastecques pour nous rafraîchir.

Le Village où est cet Edifice, se nomme Saphoris, & contient sept ou huit ménages. Ayant vû ce lieu, nous continuâmes notre route & arrivâmes à Nazareth à cinq heures du soir.

Nous descendîmes au Couvent des Cordeliers, qui nous reçurent parfaitement bien. Nous fûmes ce même jour visiter l'Eglife & y faire nos ftations.

L'on monte au Maître-Autel par deux escaliers; il est positivement sur la route de la Grotte qui servoit d'Oratoire à la Ste. Vierge. Pour arriver à cette Grotte l'on descend 16. marches. Il y a une très-belle Chapelle, dont le pavé & les murs sont revêtus de Marbre blanc. A main gauche, en entrant, il y a deux colonnes de granite que Ste. Heleine y a fait dresser, dont l'une est rompuë à deux pieds de terre, & soutenuë en l'air par la voûte; elle marque le lieu où l'Ange étoit quand il annonça le Mystere de l'Incarnation à la Ste. Vierge, & l'autre, celui où la Ste. étoit quand elle reçut ce St. Message. On prétend qu'en ce lieu étoit la Maison de la Vierge qui a été transportée par les Anges à Lorette en Italie, & on a rebâti sur les anciens fondemens.

Description de l'Eglise de Nazareth

La visite de l'Eglise & du Couvent étant faite, nous soupâmes au Réfectoire avec les Peres, qui nous firent très-bonne chere. Après souper M. Isnard Procureur de Terre Ste. vint au Couvent nous avertir que nous ne pouvions aller à Jerusalem habillés à la Françoise, & qu'il falloit absolument nous travestir en Arabes; pour cet effet il nous fit prêter des habits. Nous quittâmes les nôtres pour prendre ceux-ci; & quand nous fûmes tous trois déguisés de la sorte, nous ne pûmes nous dispenser de rire voyant une telle mascarade; le Pere Hypeau avec sa vénérable barbe remplie de tabac, & son teint bazanné auroit disputé la gloire au plus salle Arabe pour la malpropreté. Il avoit un Turban; je n'ose pas dire blanc, parce qu'il étoit des plus salles, & une calote rouge remplie de graisse & de sueur ; M. de la Condamine & moi, nous avions des Turbans noirs, & nos habits qui consistoient en Caffetans ou vestes longues, & manteaux de poils de Chameaux, étoient équivallants à ceux du Révérend Pere. On ne voulut pas nous permettre de porter ni épées ni pistolets, disant que si nous étions arrêtés avec des armes, & reconnus pour Francs, les Arabes ne nous donneroient aucun quartier.

Dans cet équipage, nous partîmes de Nazareth à dix heures du soir, avec une escorte de cinq hommes armés de fusils & de lances, & un Guide qui parloit fort mal Italien. Il falloit garder un profond silence crainte d'être découverts en passant proche les Villages. Le bon Pere Hypeau qui avoit été bien étrillé dans son premier Voyage

Départ de Nazareth.

de Jérusalem, nous racontoit tout bas ses avantures, & appréhendoit dans ce voyage qu'on ne renouvellat les anciennes coutumes. Nous étions obligés de marcher comme des Contrebandiers & de garder un silence perpétuel. Heureusement pour nous nous n'avions aucunes femme à notre suite.

Les Précipices. A onze heures nous passâmes proche les précipices, c'est-à-dire, le lieu où les Juifs voulurent précipiter Jesus-Christ qui leur disparut.

Ce sont des Montagnes fort escarpées, entre lesquelles est un chemin creux & des petits rochers qui se terminent en pointes des deux côtés dudit chemin.

A minuit nous mîmes pieds à terre au milieu des champs, où nous dormîmes jusqu'à une heure que nous remontâmes à cheval & continuâmes notre route jusqu'à neuf heures du matin que nous nous arrêtâmes sous des Oliviers proche un Village, où les gens de notre escorte porterent une Lettre dont ils s'étoient chargés pour l'Aga de ce lieu; en les attendant nous déjeunâmes sous des Oliviers, avec des œufs dures que nous avions apportés de Nazareth; aussi-tôt que nos gens furent revenus nous partîmes, & arrivâmes à Napelouze, qui étoit autrefois Samarie, à onze heures du matin.

Nous fûmes conduits chés l'Aga qui nous fit donner une chambre à côté de la Salle du Divan, & nous envoya des Pastecques, du Pain & du Raisin pour diner. Comme M. de la Condamine vouloit partir ce même jour pour Jérusalem, il fit dire à l'Aga, de nous fournir une autre escorte, parce qu'il n'étoit pas permis aux gens qui nous avoient amenés de Nazareth, de passer outre. L'Aga répondit qu'il ne le pouvoit faire sans nous exposer beaucoup, parce qu'il étoit en guerre avec des Villages proche lesquels il falloit passer, & qu'il nous conseilloit d'attendre une Caravane. Cette proposition ne convenoit point du tout à M. de la Condamine. Notre sûreté n'étoit point son but, c'étoit un Sequin par tête qu'il demandoit pour son droit de Caffare, * & même il le fit proposer par notre Guide ; M. de la Condamine lui dit qu'il avoit laissé tout son argent au Procureur de Terre Ste. avec lequel il avoit relation ; que s'il lui étoit dû quelques droits ils lui seroient payés ; que si au contraire il ne nous procuroit pas les moyens de continuer notre route, nous retournerions à Na-

* Caffare est ce que nous appellons Peage.

zareth. Voyant échouer en partie ses prétentions, il nous dit d'attendre jusqu'au lendemain, qu'il partiroit une Caravane, & que nous la suiverions. Il fallut en passer par là, ne pouvant faire autrement ; nous demandâmes à voir la Ville ; on ordonna sur le champ à un Janissaire de nous y accompagner.

L'on nous mena à une très-belle Fontaine qui fournit de l'eau dans tous les quartiers de la Ville. On y descend par douze marches, pour arriver dans un quarré d'environ 45. pieds ; au milieu est la source qui a quatre pieds de circonférence. Ce grand quarré, est une espece de Grotte très-bien voûtée, & qui paroît fort ancienne. Il y a des Acqueducs qui conduisent l'eau, ainsi que je l'ai dit, dans tous les quartiers. *Fontaine de Napelouze.*

Cette Ville est située sur la *Description de la Ville de Napelouze.*

pente d'une montagne, & du côté le plus Sud, sont des sources d'eau vive qui sortent des montagnes & des rochers, & forment un ruisseau qui suit la pente de la montagne depuis un bout de la Ville jusqu'à l'autre. Comme il y a beaucoup de Jardins, on se sert de ces eaux pour les arroser, moyennant une saignée que l'on fait audit ruisseau ; il n'y a rien autre chose dans cette Ville capable d'attirer l'attention d'un Voyageur.

Maniere de servir chez les Turcs. Une heure après notre retour à la maison de l'Aga, étant heure de souper, je vis un Négre qui dans la Salle du Divan, à côté de la chambre où nous étions, étendit par terre une Nape ronde assez mal propre, & se mit au milieu pieds nuds. Sur cette table si ragoutante, on servit vingt-six plats dont six étoient repetés par quatre, que ce Négre arrangea à sa fantaisie ; la table étant garnie, excepté l'endroit que le Maître d'Hôtel occupoit, il sauta legerement par dessus les plats, & mit au milieu un grand plat de Ris, que les Turcs nomment Peleau, & devant l'Aga un quarré de Mouton roti. Tous les ragoûts consistoient en Viande hachée & mise en bole, de la grosseur d'une pomme de Rainette : Il y avoit aussi des Merinjeannes fricassées avec de très-mauvaise Huile ; ce sont des racines très-communes en Provence, des œufs fricassés avec de la Mantegue, qui est une espéce de beurre composé de tout ce qu'il y a de plus mauvais, & d'autres ragoûts que nous ne connoissons pas. Quand on eut servi, on vint de la part de l'Aga nous inviter de souper avec lui ; nous l'acceptâmes, & tous trois nous nous mîmes à table avec plusieurs conviés, ainsi que les gens de notre escorte & notre guide; nous étions quinze à table, il n'y avoit ni assietes, ni fourchettes, pas même de serviettes, mais seulement deux cuillieres de buits à manche long qui n'étoient d'aucune utilité.

On nous servit sur notre pain, qui étoit une espéce de galette mal cuite, quelques poignées de Peleau. M. de la Condamine voyant que l'on servoit avec tant de propreté, perdit l'apetit dans le moment. Je ne fis pas de même, je goûtai de tous les ragoûts que je trouvai fort mauvais; & ne voulant point sortir de table sans avoir soupé, je pris le quarré de Mouton, qui étoit devant l'Aga, duquel j'arrachai deux côtelettes, en quoi consista tout mon souper.

Comme les Turcs ne boivent

point en prenant leurs repas, ils rioient de ce que je demandois à boire. On m'apporta de l'eau dans une petite cruche de terre, dans laquelle tout le monde buvoit ; & sans verres ni tasses il falloit boire dans ce vaze, où l'on avoit peut-être trempé plus de cinquante moustaches.

Je souffris beaucoup pendant ce repas, n'étant pas accoutumé d'être assis par terre, les jambes croisées ; je me tournois tantôt d'un côté, tantôt d'un autre, allongeant mes jambes chacune à leur tour ; en un mot, je faisois triste figure. Après que l'Aga & nous, fûmes levés de table, d'autres reprirent la place ; ainsi depuis le premier domestique jusqu'au dernier, chacun avoit son tour pour manger, & tous à la même table. L'on ne desservit qu'après que tout le monde eut soupé. En sortant de table chacun se lavoit les mains, & je crois que n'ayant point d'autres fourchettes, ils devroient aussi les laver avant les repas. Après toutes ces cérémonies, on nous donna du Caffé, des Pipes & du Tabac pour fumer. Toutes ces fonctions étant remplies, nous nous retirâmes dans notre appartement, dont le tapis de pieds étoit des nattes, lesquelles nous servirent de lits & de matelats.

Le lendemain, il arriva compagnie chés l'Aga, il nous fit dire d'ôter notre équipage de la chambre que nous occupions, & de le faire porter chés son frere, où l'on nous donneroit un autre appartement, parce qu'il avoit besoin de celui-là pour loger ses nouveaux hôtes.

Nous fûmes donc loger chés son frere où nous restâmes jusqu'à midi ; on nous envoya des
Pastecques

Paſtecques & du Raiſin pour dîner. A une heure, on vint nous dire de nous diſpoſer à partir pour aller joindre une Caravane qui s'aſſembloit à un Village nommé Beyta, diſtant de Napelouze d'environ cinq lieuës.

Nous partîmes à deux heures de relevée, & à environ 600 pas de la Ville, nous paſſâmes proche le Puits de Jacob qui eſt actuellement comblé. Il paroît qu'il y a eu proche ce lieu un très-beau bâtiment, d'autant plus que l'on y voit encore des Pilaſtres, des Fragmens de colonnes & des pends de murs qui formoient un grand circuit. *Départ de Napelouze. Puits de Jacob.*

Le Puits eſt ſur la gauche du chemin en allant de Napelouze à Jéruſalem, environ deux cens pas dans les terres.

Nous continuâmes notre route & arrivâmes à Beyta à ſix heures du ſoir. Il y avoit déja une partie de la Caravane au rendez-vous ; nous mîmes pieds à terre sous des Oliviers dans les champs proche ce Village, en attendant le Conducteur de cette Caravane qui n'étoit pas encore arrivé, & auquel nous étions recommandés par l'Aga de Napelouze.

De notre réception à Beyta. Dès qu'il parut, il nous mena chés lui, ayant dans ce lieu une femme & une maison, quoiqu'il en eut autant à Napelouze ; il fit mettre nos chevaux dans sa cour, au fond de laquelle étoit une petite Cabane couverte de feüillages & de branches seches, qui étoit un de ses plus beaux appartemens. Il y fit mettre un tapis & nous y logea ; il nous donna à souper du mieux qu'il lui fut possible, & nous fit l'honneur de souper avec nous. On nous servit d'abord une Pastecque, qui est le mêts le plus exquis des Arabes ; ce sont des espéces de

Melons d'eau, dont la chair est rouge, & qui sont véritablement bons; ensuite on nous servit des œufs fricassés avec de la mantegue, & pour dessert des Figues & du Raisin. Après avoir soupé il prit congé de nous, & se retira avec sa femme que nous n'eûmes pas l'honneur de voir; il nous laissa dans notre Cabane qui étoit un vrai magazin à Puces; il y en avoit en si grande quantité qu'il ne nous fut pas possible d'y dormir un quart-d'heure, nous fûmes contraints, après un combat des plus opiniâtres, de ceder aux Puces le champ de bataille & de nous promener toute la nuit dans la cour. * A onze heures nous frapâmes à la porte de notre Hôte pour l'éveiller; il se leva, & regardant aux Etoiles,

---

* Si les Diables occupent les corps de ces animaux, que de tentations, que de foiblesses, puisque nous succombâmes à leurs efforts.

il s'apperçut qu'il n'étoit pas encore l'heure qu'il s'étoit proposé de partir; il vouloit encore différer une heure ou deux; mais nous lui remontrâmes qu'avant que les Chameaux soient chargés il seroit fort tard, & qu'il étoit dèslors l'heure qu'il avoit dit la veille. Il se rendit à nos remontrances, & fut dire aux Caravaneurs de se disposer à partir.

Départ de Beyta. Nous nous joignîmes à la Caravane qui fut environ une heure à charger les Chameaux. A minuit nous partîmes, notre Guide nous fit prendre un chemin de traverse pour joindre la tête de la Caravane. Comme les Chameaux vont fort lentement, & que nos Chevaux alloient beaucoup plus vîte, nous prenions toujours le devant pour profiter du sommeil que les Puces nous avoient ravi.

Nombre de la Caravane. La Caravane étoit composée

de trois cens Chameaux & Dromadaires, & de cent dix Mules ou Bouriques. Nous étions environ quarante Cavaliers & une centaine d'hommes à pieds. A la tête de la Caravane marchoit un gros Chameau, portant sur son dos un Pavillon bleüe & blanc avec quelques rayes rouges, ce qui est ordinaire à toutes les Caravanes. Tous les hommes tant à pied qu'à cheval étoient armés de Fusils, Pistolets, Lances, Sabres, Canjars, & Bâtons, ce qui n'empêcha pas que nous n'ayons été arrêtés à deux lieuës de Jérusalem, proche un Village nommé Rama, où tous les Francs doivent, selon les gens du pays, payer le Caffare.

Il se trouva proche ce lieu un homme & un enfant d'environ 16. ans, auxquels on dit apparamment que nous étions Francs, & qu'ils étoient en droit de nous faire payer ce tribut. Nous étions pour lors environ vingt Cavaliers marchant un quart de lieuë devant la Caravane ; ces deux coquins se voyant, pour ainsi dire, dans l'impossibilité de nous rejoindre, battirent un Prêrre Grec pour avoir son cheval ; & l'ayant fait descendre, l'homme monta dessus & courut après nous, le petit garçon le suivoit à pied Aussi-tôt qu'ils nous eurent joints, celui qui étoit à cheval, mit pied à terre, & ne se trompa point, quoique nous fussions habillés comme eux, soit qu'on les eut instruits de nos chevaux ou autrement, ils nous dirent d'arrêter, & de retourner sur nos pas. Etant dans la bonne foy, je ne faisois nulles attentions aux discours de cet homme que j'avois vû courir après nous. Aussi-tôt qu'il s'approcha de moi, il m'y fit penser sérieusement en voulant me diftribuer des coups de bâtons : je voulus mettre pied à terre pour prendre ce miférable à partie ; mais notre Religieux qui étoit mieux au fait que moi de pareille recette, me conseilla de ne rien dire, parce que si je maltraitois cet homme, ajouta-t'il, d'un feul cri qu'il feroit, il en viendroit plus de trois cens, & que nous ferions maffacrés ; que d'ailleurs, quand même les chofes ne feroient pas ainfi, cela pourroit caufer une avanie aux Peres de Terre Ste.

Pendant que toutes ces chofes fe paffoient à mon égard, le petit garçon courut après M. de la Condamine qui étoit environ cent pas devant nous ; comme il lifoit, il ne s'apperçut pas de ce qui fe paffoit, & fut fort furpris de voir ce petit miférable tenant une pierre de chaque main, lui faire figne de retourner, ou qu'il le jetteroit à bas à coups de pierres. On lui fit les mêmes remontrances qu'à moi & nous retournâmes environ vingt pas. Le Conducteur de la Caravane, qui étoit peut-être complice du fait, arriva, & contrefaisant l'étonné, il demanda de quoi il étoit question ; il nous dit après être informé du fait, qu'il n'étoit pas en son pouvoir d'empêcher ces hommes de nous emmener si nous ne leurs payions trois Piastres pour le Caffare. M. de la Condamine lui dit qu'il n'avoit point d'argent, & que si quelqu'un vouloit les payer qu'il leur en tiendroit compte. Le fils d'un Cheque Arabes qui étoit avec nous, s'offrit pour caution, & laissa pour gage son Canjar ; nous fûmes ainsi délivrés des mains de nos prétendus créanciers ; nous continuâmes notre route & arrivâmes ce même me jour 20. Août à Jérusalem, à deux heures après midi.

Nous mîmes pieds à terre à la porte de Damas, où nous fîmes notre priere, pendant que le Pere Hypeau & notre Guide furent au Couvent avertir les Peres de notre arrivée; pendant que nous étions à genoux à la porte de cette Sainte Cité, les Janiffaires de la Garde fe mocquoient de nous voir prier à la porte de leur Ville. Au bout de trois quarts d'heures le Drogment du Couvent, avec deux Janiffaires vinrent accompagnés d'un Pere pour nous faire entrer, & conduire au Couvent des Cordeliers dit Saint Sauveur.

De notre arrivée à Jerufalem.

Il eft défendu à aucuns Pellerins d'entrer dans Jérufalem fans en donner auparavant avis à l'Aga, autrement les Turcs feroient une avanie terrible aux Peres. Une heure après notre

146 VOYAGE

arrivée, nous fûmes visiter le S. Sépulchre; ce sont les Turcs qui en ont les clefs, & les Francs qui y entrent pour la premiere fois payent vingt-quatre Piastres * & demie par tête; ensuite ils peuvent y entrer quand bon leur semble, moyennant un Medain qu'ils sont tenus de donner au Turc qui garde la porte.

De ce qu'on paye pour l'entrée du S. Sépulchre.

DESCRIPTION DU S. SÉPULCHRE DE JERUSALEM.

L'Eglise est fort vaste, & ne reçoit du jour que par le haut du Dôme, dont l'ouverture est fermée par un fil d'archal; au dessous dudit Dôme est le Saint Sépulchre.

Avant que d'entrer dans ce Saint Lieu, nous ôtâmes nos bottines, & nous y entrâmes pieds nuds. On passe pour y entrer par un lieu relevé d'un

* Une Piastre vaut 3 liv. 6 s. de France

pied du pavé, où il y a de chaque côté un relais de marbre blanc d'environ un pied & demi de haut, ou s'affoient les Religieux affiftans quand on célebre la Meffe dans le Saint Sépulchre, où il n'y a que les Latins qui y puiffent célebrer.

De là on paffe dans la Chapelle de l'Ange, ainfi dite, parce qu'en ce lieu l'Ange annonça aux trois Maries la Réfurrection de Jefus-Chrift. Il y a dans cette Chapelle un Autel, & 18. Lampes : au fond eft la porte du S. Sépulchre, devant laquelle eft un relais de pierre taillé dans le roc d'environ un pied & demi de haut, qui fervoit d'appui à la pierre qui fermoit l'entrée du S. Sépulchre. L'Ange étoit affis fur ce relais, quand les trois Maries vinrent pour chercher le Corps de Jefus. Nous entrâmes enfuite dans ce S.

Chapelle de l'Ange.

Chapelle du S. Sépulchre

Lieu, dont la porte a trois pieds de haut & deux de large; cette Chapelle est si petite que quatre personnes ont peine à s'y tenir à genoux quand le Prêtre est à l'Autel. A main droite en entrant est le lieu sur lequel le Corps de Jesus-Christ fut mis, & non pas dans un Tombeau comme beaucoup de monde s'imaginent. C'étoit une Grotte taillée dans le roc, dans laquelle étoit une Table du même roc, sur laquelle on étendoit les corps, & on en fermoit l'entrée avec une grosse pierre qui étoit soutenuë en dehors par ce relais dont je viens de parler. Il y a dans cette Chapelle quarante-sept Lampes, toutes envoyées par les Empereurs, Roys de France, d'Espagne & de Portugal, entr'autres une d'or, qui est fort belle. Tout ce lieu est revêtu de marbre blanc, & entouré par dehors de dix colonnes de marbre de même couleur.

Il est couvert d'une platte forme, au milieu de laquelle est un petit Dôme d'environ six pieds de haut, couvert de Plomb, soutenu de douze colonnes couleur de Porphire, posées de deux en deux, formant ainsi six Arcades sous chacunes desquelles sont suspenduës trois Lampes.

Le Chœur de l'Eglise appartient aux Grecs, il est entourré de gros pilliers; la nef en est ronde, & dans ledit Chœur est un très-grand Chandelier qui a été donné pour la Chapelle du S. Sépulchre par un Duc de Moscovie, sur lequel on peut mettre 64. Cierges; n'ayant pû tenir dans ladite Chapelle, on l'a mis dans le Chœur de l'Eglise. Thevenot dit que dessous est une pierre dans le pavé où il

Du Chœur de l'Eglise du S. Sépulchre.

Voyage de Thevenot.

y a un petit trou, que les Orientaux disent être le milieu du Monde, parce qu'il est dit dans la Sainte Ecriture *Dus in medio terræ operatus est salutem mundi*. S'il est vrai, le Pere qui nous conduisoit, n'en avoit nulle connoissance, & nous n'y en avons point vû.

Après avoir visité le S. Sépulchre & le Chœur de l'Eglise, nous visitâmes toutes les Chapelles que l'on a bâti dans les lieux où se sont passés les principaux Mysteres de notre Religion.

Nous commençâmes par la Chapelle de l'Apparition, où les Latins font ordinairement le Service; elle est ainsi nommée, parce que ce fut en ce lieu que J. C. apparut à sa Sainte Mere après sa Résurrection; il y a dans cette Chapelle trois Autels de face, dont celui du milieu est dédié à la Ste Vierge; celui qui est à gauche, à l'honneur de la Ste Croix de Notre-Seigneur; celui qui est à droite, est dédié à l'honneur de la Colonne de la Flagellation ; proche cet Autel, est dans une fenêtre prise dans la muraille & fermée d'une grille de fer, un morceau de la Colonne où J.C. fut attaché quand on le flagella au Palais de Pilate ; l'on ne peut y toucher avec la main, l'on se sert d'une canne pour y faire toucher les sanctuaires ; ce bout de colonne a environ deux pieds & demi de haut; & derriere ladite Chapelle est le logement des Religieux.

Sortant de ce Lieu, après avoir descendu trois marches, on trouve devant la porte deux pierres rondes dans le pavé; l'une marque le lieu où Jesus-Christ étoit quand il apparut à la

Magdelaine, & se nomme la pierre de *noli me tangere*, & l'autre marque le lieu où étoit la Magdelaine. On trouve à main gauche, & vis-à-vis ces pierres, une petite Chapelle prise dans le mur, que l'on nomme Chapelle de la Magdelaine, qui n'est point fermée d'une balustrade, comme le dit Thevenot.

Chapelle de la Prison de J. C.

Nous vînmes ensuite à la Chapelle de la Prison de Jesus-Christ, ainsi dite, parce qu'en ce lieu on enferma Jesus-Christ pendant qu'on creusoit le trou pour planter sa Croix.

Chapelle du titre de la Ste Croix.

A côté de cette Chapelle est celle du titre de la Sainte Croix, qui est fort obscure. On dit que le titre de la Croix de Notre-Seigneur s'est conservé long-tems dans ce lieu.

Chapelle de la division.

La Chapelle suivante est celle de la division des vêtemens ;

ainsi nommée, parce que ce fut en ce lieu que les Soldats jouèrent au sort les Habits de Jesus-Christ, qu'ils diviserent entr'eux.

Nous descendîmes ensuite par un escalier de vingt-huit marches, pour arriver dans la Chapelle de Ste Heleine, qui est très-belle, dont le dôme est soutenu de quatre colonnes de marbre blanc; & de cette Chapelle l'on descend treize marches taillées dans le roc du Mont Calvaire, pour arriver à la Chapelle de l'Invention de la Ste Croix. Ce Lieu étoit autrefois un trou, où l'on jettoit ceux que l'on faisoit mourir sur le Calvaire; le Prophete Jeremie le nommoit *Vallis cadaverum*. En ce Lieu se voit la fente du rocher qui se fit quand Jesus-Christ rendit l'ame.

Chapelle de Ste Heleine.

Chapelle de l'Invention de la Sainte Croix.

Après avoir fait nos stations dans ces Chapelles, nous vin-

Chapelle de l'impropere.

mes à celle de l'Impropere, qui est fermée d'une grille de fer; c'est dans cette Chapelle que se voit la Colonne de l'Impropere; ainsi dite, parce que les Soldats firent asseoir J. C. sur ce bout de colonne dans le Prétoire de Pilate, après l'avoir flagellé & couronné d'épines; cette Chapelle est aux Arméniens & non pas aux Abissins, comme le dit Thevenot, quoiqu'elle pouvoit appartenir à ces derniers du tems qu'il a fait ses Voyages.

Escalier du Calvaire.

Nous fûmes ensuite conduits au bas d'un escalier, dont les premieres marches sont de bois & les autres taillées dans le roc; nous quittâmes nos bottines pour monter cet escalier qui conduit au Mont Calvaire, où l'on arrive après avoir monté vingt-six marches; il y a sur sa platte forme deux Chapelles qui sont séparées par deux pilliers qui soutiennent la voute ; ces Chapelles sont pavées de marbre de différentes couleurs. En entrant à main gauche, est une Chapelle dans le lieu où fut plantée la Croix de J. C. Il y a un entablement de marbre en forme d'Autel, long de dix pieds & large de six, au milieu duquel est le trou de la Croix. Ce trou est rond, & a un pied huit pouces de diamettre & deux pieds de profondeur, il est enrichi d'une plaque d'argent en façon de Soleil; l'on voit aussi les trous où étoient plantées les Croix du bon & mauvais Larron; les trois Croix n'étoient point en lignes droites, mais en triangle ; entre le trou où fut plantée la Croix de J. C. & celle du mauvais Larron, se voit la fente du rocher qui se fit de la largeur d'un pied.

Lieu du Calvaire.

L'autre Chapelle se nomme

la Chapelle du crucifiement, parce qu'en ce lieu on mit la Croix par terre pour clouer Jesus-Christ, puis on le transporta au lieu où étoit fait le trou, qui en étoit éloigné d'environ sept pas ; ce fut là où notre Rédempteur versa son précieux Sang pour nos péchés.

Proche ce lieu est une petite Chapelle, dans l'endroit où l'on dit que la Ste. Vierge & St. Jean étoient pendant qu'on crucifioit Jesus, cette Chapelle a son entrée par dehors de l'Eglise.

Chapelle de Notre-Dame de Pitié. Après être descendus du Calvaire, nous fûmes à la Chapelle de Notre-Dame de Pitié, où sont les Sépultures de Godefroy de Boüillon & de Baldoüin son frere, Roys de Jérusalem. Celle de Godefroy est à droite en entrant & est faite en dos d'asne, soutenuë de quatre pilliers &

porte cette Epitaphe gravée sur le marbre en lettres Gothiques. *Hic jacet Inclitus Dux Godefridus de Boüillon, qui totam terram istam acquisivit cultui Christiano, cujus anima regnet cum Christo. Amen.*

Epitaphe de Godefroy de Boüillon.

Celle de Baldoüin est à gauche & soutenuë de la même façon que celle de Godefroy avec cette Epitaphe. *Rex Balduvinus, Judas alter Machabeus, spes patriæ, vigor Ecclesiæ, virtus utrius, quem formidabant, cui dona tributa ferebant, cedor & Ægiptus donec homicida Damascus prodolor ? in medio clauditur hoc tumulo.* Au fond de cette Chapelle se voit un grand Tombeau de porphire que l'on dit être celui du Prophete Melchisedech ; derriere l'Autel de cette Chapelle, & audessous du lieu où fut plantée la Croix, se voit la fente du rocher où l'on dit que le crasne d'Adam se trouva, d'où le Calvaire prit le nom de Golgotha, qui en hebreux signifie crasne. On assure qu'en ce lieu la Sainte Vierge prit le Corps de Jesus-Christ entre ses bras, quand on le descendit de la Croix; c'est ce qui a donné à cette Chapelle le nom de Notre-Dame de Pitié.

<small>Sépulture des enfans de Baldoüin.</small> A gauche de la porte de ladite Chapelle, sont les quatre Sépultures des enfans de Baldoüin, toutes de marbre blanc, sur l'une desquelles on lit cette Epitaphe: *Septimus in tumulo puer isto rex tumulatus est Balduvinus Regum de sanguine natus quem tulit emundo sors primæ conditionis & paradisiacæ loca possideat regionis.* On ne peut lire le reste, parce que les Turcs ont pris plaisir de gâter ces Tombeaux comme pour abolir la mémoire des Roys Francs.

Proche ce lieu est la pierre d'Onction, sur laquelle Joseph d'Arimathie oignit le Corps de Jesus, après qu'il fut descendu de la Croix, cette pierre a environ sept pieds de long & trois de large, elle est enchassée de marbre blanc, parce que les Pellerins en rompoient toujours quelques morceaux; elle est aussi couverte d'une grille de fer, & ornée de petites pierres de différentes couleurs, pour qu'on ne marche pas sur les bords, n'étant relevée du pavé que de dix pouces; devant ce lieu est un escalier qui conduit à l'Eglise des Arméniens où sont les Sépultures de Nicodeme & de Joseph d'Arimathie, devant chacune est suspenduë une Lampe.

Pierre d'Onction.

Dans l'enceinte de cette Eglise les Religieux Latins ont un logement, où les Peres qui sont dedans restent trois mois, au bout duquel tems d'autres reprennent la place, & y restent autant, & chacun à leur tour vont passer trois mois dans le Saint Sépulchre. Les Grecs & les Arméniens y ont aussi un pareil logement par quartier.

Maison d'Anne.

Sortant de ce Saint lieu, nous fûmes à la Maison d'Anne, où il y a dans la cour un Olivier que l'on prétend être un rejeton de celui auquel Jesus-Christ fut attaché en attendant le jugement de ce Pontif. Les Arméniens ont une Eglise dans ce lieu.

Maison de Caïphe.

Nous fûmes ensuite au Mont Sion à la Maison de Caïphe qui appartient aussi aux Arméniens; ils y ont une Eglise, & derriere l'Autel est la pierre sur laquelle le Corps de J. C. fut mis dans le S. Sépulchre, elle a environ

six

six pieds & demi de long, trois de large & un d'épaisseur, elle est enduite de plâtre, crainte que les Pellerins ne la cassent pour en emporter quelques morceaux; à main droite en entrant dans la cour, est la prison où J. C. fut mis après avoir été interrogé, pendant que Caïphe consultoit avec les autres ce qu'ils feroient de Jesus.

En retournant au Couvent, nous entrâmes dans l'Eglise de S. Jacques qui appartient aux Arméniens, qui est très-belle & bien ornée ; à main gauche est la Chapelle où S. Jacques le Mineur fut décapité par l'ordre d'Herode Agrippa. La porte de cette Chapelle, ainsi que toutes les autres sont garnies de nacre de perles. Le Chœur est fermé d'une grille de fer très-bien travaillée. Il y a dans cette Eglise quantité de lampes dont les cor-

Eglise de S. Jacques.

dages sont ornés de quantité d'œufs d'Autruches. Dans cette même Eglise est un morceau de la vraye Croix.

Sortant de ce lieu nous nous rendîmes au Couvent, où nous soupâmes au Réfectoire avec les Peres.

Le lendemain vingt-un, un Frere nous éveilla à quatre heures du matin, & nous dit que les Chevaux étoient prêts pour notre voyage de Bethléem. A cinq heures nous montâmes à cheval à la porte de Jaffa où nos Chevaux nous attendoient, n'étant pas permis aux Chrétiens d'aller à cheval dans Jérusalem. Les Arabes les jetteroient à bas à coups de pierres, disant qu'il ne convient point aux chiens d'aller à cheval, & qu'ils sont faits pour aller à pied. C'est l'épithete dont ils décorent le nom de Chrétien.

Nous passâmes proche la Piscine de Betsabée, qui est le même réservoir où elle se baignoit quand David en devint amoureux. *Piscine de Betsabée.*

Ayant passé cette Piscine à environ une demie lieuë sur la gauche, on voit un petit Village que l'on nomme Bourg de Mauvais Conseil, parce que ce fut en ce lieu où les Juifs tinrent conseil entr'eux, & où il fut décidé que l'on feroit mourir Jesus. *Bourg de Mauvais Conseil.*

Sur la droite, à cent pas du chemin, est un Olivier qui a été planté à l'endroit où étoit l'arbre de Terrebentine qui se courba pour faire plus d'ombrage à la Sainte Vierge qui se reposoit dessous.

Continuant notre route, nous trouvâmes au milieu dudit chemin le Puits proche lequel les Mages étoient quand l'Etoile leur apparut, après l'avoir per- *Puits des Mages.*

duë en entrant dans Jérusalem.

Un quart de lieuë plus loin, se voit à droite la Maison dans laquelle étoit le Prophéte Habacuc, quand l'Ange le prit par les cheveux & le transporta à Babilone pour donner à manger à Daniel dans la fosse aux Lions.

Maison du Prophete Habacuc.

A main gauche, & proche le chemin, est un Monastere Grec, dédié au Prophéte Elie, & au milieu dudit chemin on voit l'empreinte d'un corps sur le roc ; on prétend que c'est celle du Prophéte Elie qui se couchoit sur cette roche.

Monastere Grec.

En continuant sa route on trouve sur la gauche du chemin, le Champ des Pois, ainsi dit par les gens du pays, parce que la Ste Vierge venant de Jérusalem à Bethléem, trouva un homme qui semoit des Pois dans ce Champ, auquel ayant demandé ce qu'il semoit, il ré-

Champ des Pois.

pondit que c'étoient des pierres. Les pois crurent à l'ordinaire & dans les cocques on n'y trouva que des pierres, retenant seulement la forme de pois ; nous en avons ramassés qui ont véritablement cette figure.

A environ cinq-cens pas plus loin, à main droite, sur le bord du chemin, étoit la Maison du Patriarche Jacob, dont on ne voit que fort peu de ruines ; on prendroit même ce lieu pour une carriere, s'il ne subsistoient encore quelques pends de murs.

Maison du Patriarche Jacob.

A un quart de lieuë delà, se voit la Sépulture de la belle Rachel, travaillée, selon Thevenot & beaucoup d'autres, dans la voûte d'un rocher si dur, qu'il émousse le fer & l'acier le plus pur ; il paroît être aussi neuf, que s'il y avoit peu de tems qu'il fût fait ; ce lieu sert de Mosquée aux Turcs.

Sépulture de Rachel.

Puits de David.

A un demi quart de lieuë de Bethléem, est le Puits de David qui a trois bouches, & éloigné du chemin, sur la gauche, d'environ cinquante pas. Ce Puits est ainsi nommé, parce que David ayant eu envie de boire de l'eau de ce Puits, dans le tems que Saül étoit campé dans ce lieu, trois de ses serviteurs bien zélés traverserent l'armée de Saül, furent puiser de l'eau dans ledit Puits. Quand David reçût cette eau, il la versa, & n'en voulut point boire, disant, qu'il boiroit le sang de ceux qui s'étoient exposés pour satisfaire sa convoitise.

De notre arrivée à Bethléem.

A huit heures du matin nous arrivâmes à Bethléem, (qui n'est éloigné de Jérusalem que de deux lieuës) nous fûmes très-bien reçus par les Religieux qui sont aussi Cordeliers. Après avoir entendu la Sainte Messe nous visitâmes l'Eglise & tous les Saints

Lieux de l'endroit, & des environs, ainsi que je dirai dans peu.

De Bethléem

Bethléem étoit autrefois une Ville de la Tribu de Juda, & passoit pour être belle & grande, à présent ce n'est qu'un Bourg dont les Habitans sont presque tous Grecs & Arméniens ; ils gagnent leur vie à faire des Croix & des Chapelets qu'ils vendent aux Peres de Terre Sainte & aux Pellerins.

Du Couvent.

Le Couvent est très-beau & renferme dans son enceinte le lieu de la Nativité de Jesus-Christ, l'endroit où Saint Jérôme a traduit la Bible d'Hebreux en Latin, & le lieu où les Innocents furent massacrés ; ledit Couvent est éloigné de Bethléem d'une portée de fusil ; il y avoit autrefois deux cours, à présent il ne reste devant la porte dudit Couvent qu'une grande Place où il y a deux Puits.

On entre par une petite porte haute de trois pieds, large de deux, dans une espece de petite cour qui sert de portique à l'Eglise. Cette porte étoit autrefois très-grande, mais on l'a murée, & on n'a laissé qu'un petit guichet pour empêcher les Arabes d'entrer à cheval dans la grande Eglise.

De la grande Eglise. Cette Eglise est fort vaste, & couverte de plomb, la charpente en est belle, & est soutenuë de deux rangs de colonnes de chaque côté, & d'un seul bloc, sur chacune desquelles est peint un Saint personnage que l'on ne peut pas bien distinguer à présent. A main droite en entrant, & derriere la quatrieme colonne est le Baptistaire des Grecs qui est fort beau.

En entrant dans le Chœur, on voit de chaque côté du Maître-Autel

Autel une forme de Chapelle; Thevenot dit que du côté de l'Epître, est un Autel où est la pierre sur laquelle J. C. fut Circoncit; nous nous en informâmes, & aucun Religieux ne put nous en instruire. L'Autel qui est du côté de l'Evangile, est le lieu, dit-on, où les Mages descendirent de cheval quand ils vinrent adorer Jesus.

Voyage de Thevenot.

Dans le Chœur sont deux escaliers, un de chaque côté du Maître Autel, qui conduisent tous deux au lieu de la Nativité, qui est positivement sous ledit Chœur; desquels escaliers ayant descendu six marches, on trouve une porte de bronze percée à jour par en haut; c'est cette porte qui ferme le lieu de la Naissance du Sauveur du monde.

Entre ces deux escaliers, en descendant par celui qui est du

Lieu de la Nativité de J. C.

côté de l'Evangile, à main gauche, est un Autel sous lequel naquit Jesus-Christ. Ce lieu est revêtu de marbre blanc, au milieu duquel est un cercle d'argent fait en façon de Soleil, où sont ces paroles écrites à l'entour, *Hic de Virgine Maria Jesus-Christus natus est.* Thevenot prétend, qu'aux environs de ce cercle, s'est trouvée dans le marbre qu'on a employé pour revêtir ce lieu, la figure d'une Vierge & un petit enfant couché devant elle, que l'on prend, selon lui, pour Jesus & sa Sainte Mere; nous examinâmes le marbre de tous sens, sans pouvoir y rien reconnoître non plus que les Peres qui étoient avec nous.

Lieu de la Crêche. Nous descendîmes trois marches dans la même Chapelle, pour arriver proche l'Autel qui est dans le lieu où étoit la Crêche, qui est actuellement à Rome dans Sainte Marie Majeure. Tout vis-à-vis est l'Autel de l'Adoration des Mages, proche lequel est marqué par une pierre, l'endroit où la Sainte Vierge étoit quand les Mages entrerent. Ils poserent leurs présens sur un petit relais de pierre fait en forme de banc, qui est au pied de cet Autel du côté de l'Epître. Cette étable n'étoit point faite de maçonnerie, mais taillée dans le roc; & l'on y a mis trois colonnes de porphire pour en soutenir la voûte, ce qui fait qu'elle s'est si bien conservée. *Autel de l'Adoration.*

Sortant de ce lieu nous fûmes au tombeau de Saint Eusebe qui est dans une Chapelle où il y a deux Autels; sçavoir, un sur le tombeau de S. Jérôme, qui est à droite en entrant, & l'autre sur le tombeau de Sainte Paule, & de sa fille Eustiochium, où *Tombeau de S. Eusebe. Tombeau de Saint Jerôme, de Sainte Paule & de sa fille Eustiochium.*

est cette Epitaphe faite par Saint Jérôme. *Obiit hic Paula ex nobilissimis Romanorum Corneliis & Græchis orta, cum vigenti annos vixisset. in cænibus à se institutis, cui tale Epithaphium posuit Hieronimus.* Et cette autre encore. *Scipio quem genuit Paula Fudere parentes Grachorum soboles Agamemnonis inclita proles, hoc jacet in tumulo paulam dixere priores Eustiochii genitrix Romani prima senatus pauperiem Christi & Bethleem iti.*

Massacre des Innocens.

Continuant par le même coridor, qui est une espece de Souterrain, nous fûmes dans le lieu où les Innocents furent massacrés par l'ordre d'Herode. Plusieurs meres ayant cachés leurs enfans dans ces caves, ils y furent découverts & égorgés. Et de là nous fûmes à la Chapelle de S. Joseph. Il faut porter de la bougie pour voir clair dans tous ces lieux.

Nous remontâmes ensuite dans l'Eglise de Sainte Catherine qui est très-belle ; c'étoit autrefois un Monastere qui a été bâti par Sainte Paule, ainsi que tout le Couvent.

Nous traversâmes la grande Eglise, pour aller voir une grande Salle que l'on dit être l'École de Saint Jérôme, & où il a traduit la Bible d'Hebreux en Latin. {Ecolle de S. Jerôme.}

Après avoir visité tous ces Sts Lieux, nous dinâmes au Couvent, & à deux heures nous montâmes à cheval pour aller voir les environs de Bethléem.

DES ENVIRONS DE BETHLEEM

Nous commençâmes par voir l'endroit où étoient les Bergers, quand l'Ange vint leur annoncer la joyeuse nouvelle, disant : *Annuntio vobis gaudium magnum, & gloria in Excelsis Deo.* Il y a une petite Chapelle que

Sainte Helene y a fait bâtir, où les Latins célébrent quatre fois l'année.

Village des Bergers.

Delà nous passâmes par le Village de ces Pasteurs, où il y a un Puits dans lequel on dit que la Sainte Vierge but, fuyant la persécution d'Herode; & passant par ce Village, elle demanda à boire; lui en ayant été refusé, elle courut droit à ce Puits, où il n'y avoit ni corde ni sceaux : aussi-tôt que la Sainte fut proche ledit Puits, l'eau s'éleva jusqu'à fleur de terre; elle but sa suffisance, & l'eau se retira ensuite dans son centre ordinaire.

Caverne où David étoit caché fuyant Saül.

Continuant notre route, nous passâmes proche la Caverne dans laquelle David étoit caché, lorsqu'il coupa un morceau de la robe de Saül.

Mont des François.

A trois quarts de lieuës delà, on voit une montagne fort escarpée nommée Bethulie, sur laquelle les François avoient un

Château qu'ils ont conservés quarante ans, après avoir perdu la Ville de Jérusalem ; l'on nomme encore aujourd'hui cette montagne le Mont des François.

Après avoir fait environ deux lieuës, nous arrivâmes dans un profond vallon, que l'on dit être le Jardin de Salomon, & qui est nommé *Hortus conclusus*. On y voit des vestiges de quelques bâtimens que l'on prétend être des ruines du Palais de ce grand Roy, proche lequel est une très-belle Fontaine. {Jardin de Salomon.}

En montant ce vallon qui a plus d'un quart de lieuë de large, on trouve trois Piscines taillées en partie dans le roc & très-bien conservées, faite en Amphiteâtre, la premiere étant plus basse que la seconde, & la seconde, que la troisiéme, se communiquent leurs eaux sans se vuider. Le plus petit de ces {Piscines ou Lavoir de Salomon.}

réservoirs a cent cinquante pas de long, & cent dix de large, & ont chacun huit à neuf toises de profondeur. On y descend par des escaliers taillés dans le roc, & on prétend que Salomon avoit fait ces Piscines, pour servir de bains à ses concubines qui avoient leurs demeures proche ce lieu.

Fons signatus.

Nous montâmes le long dudit vallon jusqu'à la fontaine qui fournit de l'eau à ces réservoirs, & se nomme *Fons signatus*.

Pour entrer dans le lieu qui renferme ladite fontaine, on descend couché sur le ventre, par un trou qui est fait dans une espece de voûte, où un homme d'une certaine grosseur ne pourroit passer; on se laisse glisser, & on tombe dans un Salon oval, pavé de petits carreaux de marbre en mosaïque. A main droite en entrant, sont trois sources en triangle à environ un pied &

demi l'une de l'autre, dont chaque source a son canal particulier, & serpentent tous trois séparément le long dudit Sallon, au bout duquel, ces trois cannaux se réunissent dans un seul, qui décharge ses eaux dans les Piscines dont je viens de parler; la plus élevée étant remplie, fournit de l'eau à la seconde, & la seconde à la troisiéme; & la troisiéme déchargeoit autrefois ses eaux dans un Acqueduc qui les conduisoit à Jérusalem & à Bethléem.

Proche ce lieu est un petit Château où il y a des Gardes qui font payer le Caffare aux passants.

En retournant par un autre chemin, nous passâmes proche une Chapelle, dite de Saint George, dans laquelle nous aurions entrés, si le Pere qui nous conduisoit n'avoit craint les coups de bâton; & nous arrivâmes à Jérusalem à cinq heures du soir. Ne voulant point perdre de tems, nous fûmes visiter tous les Saints Lieux qui sont dans la Ville.

Prison de S. Pierre. Nous commençâmes par la prison d'où Saint Pierre sortit les portes étant fermées ; il y a des anneaux de fer scellés dans le mur, ausquels on attachoit les prisonniers.

Hôpital de Sainte Helene. Nous fûmes ensuite à l'Hôpital de Sainte Helene, qui est un très-grand bâtiment, où il y a sept Chaudieres qui ont cinq pieds de large & deux & demi de haut ; on prétend qu'elles sont du tems de la Sainte.

Lieu où Saint Pierre guérit le Boiteux. Delà nous fûmes proche la porte du Temple, où Saint Pierre fit le miracle du Boiteux qui lui demandoit l'aumône, auquel il dit : *Leve toi, & te promene.*

Sortant de ce lieu, nous fûmes à la maison du mauvais Riche, & à celle du Lazare; suivant la voye douloureuse, à environ deux cent pas du Palais de Pilate, est le lieu où Jesus-Christ tomba avec sa Croix; Sainte Helene l'a marqué d'une colonne.

Plus loin on trouve une Arche nommé l'Arche de Pilate qui ferme la ruë par en haut, où l'on voit ces mots écrits: *Tolle tolle crucifige eum*, que l'on a peine à présent de déchiffrer; il y a une fenêtre à laquelle on prétend que Pilate étoit, quand il dit au peuple: *Tolle tolle crucifige eum*. Après avoir passé cette Arche, & fait environ cinquante pas, nous arrivâmes au Palais de Pilate, dont on voit à Rome l'escalier que Sainte Helene y fit porter, & se nomme *Scala sancta*. Sainte Helene en a fait mettre un autre à la place, qui n'a qu'onze

Arche de Pilate.

Palais de Pilate.

Escalier de Pilate.

marches, parce que la ruë a été rehauffée depuis. Il eft nommé Efcalier Saint; parce que J. C. le monta lors qu'il fut mené devant Pilate, & le defcendit pour aller chés Herode.

Salle du Prétoire.

Nous fûmes dans la Salle du Prétoire où J. C. fut couronné d'épines & baffoué par les Juifs, de laquelle Salle on voit le Temple de Salomon, qui eft la principale Mofquée de Jérufalem.

Temple de Salomon.

Ce Temple eft fait en dôme, couvert de Plomb, & a une cour très-fpacieufe, dont le pavé eft de marbre. Tout à l'entour de ladite cour, il y a des Arcades foutenuës de colonnes de marbre, pofées de deux en deux. Aux quatre coins de la cour il y a des Kiofques ou Pavillons couverts d'ardoifes; nous ne pûmes pas l'examiner plus long-tems, parce que les Turcs ne veulent point qu'aucun Chrétien y entre, ni même le regarde; difant que ce Temple ne doit pas être foüillé par des chiens.

Sortant de ce lieu nous fûmes dans une Mofquée, qui eft bâtie fur les fondemens de la Maifon où eft née la Sainte Vierge; c'étoit autrefois une Eglife qui appartenoit aux Armeniens. *Lieu de la naiffance de la Sainte Vierge.*

Nous fûmes enfuite au Palais d'Herode, où eft une partie de la colonne à laquelle J. C. fut attaché quand on le flagella, & le lieu de la Flagellation fert d'Ecurie. Nous paffâmes auffi à la Maifon du Pharifien, où l'on voit fur une pierre l'empreinte d'un pied que l'on dit être de la Magdelaine. Suivant la voye douloureufe, on trouve la Maifon de la Véronique, & celle des Stes Femmes, aufquelles Jefus-Chrift dit, *ne pleurés point fur moi, mais fur vous & fur vos enfans.* *Palais d'Herode.*

Proche ce lieu est un très-grand bâtiment où logeoient les Chevaliers de S. Jean de Jérusalem. N'y ayant plus rien de remarquable dans la Ville, nous nous disposâmes pour aller le lendemain à Bethanie, à Betphagée, & dans la Vallée de Josaphat.

Le 22. à quatre heures du matin nous partîmes de Jérusalem, accompagnés d'un Pere, & d'un Frere du Couvent, & de deux hommes du pays, dont un étoit Check ou Prince Arabe; je n'ai point vû de mandians plus mal couvert que ce miserable Prince. Nous portâmes des provisions, dans le dessein de ne revenir au Couvent que le soir.

Nous sortîmes par la porte de Saint Etienne premier Martyr, & passâmes proche la roche sur laquelle il fut lapidé, sur le bord du Torrent de Cédron.

Pierre sur laquelle Saint Etienne fut lapidé.

Nous fûmes ensuite au Sépulchre de la Sainte Vierge, qui est une Eglise souterraine, où les Grecs, les Arméniens, les Goths, les Abissins & les Latins ont chacun un Autel, & les Turcs une Mosquée. Quand nous y arrivâmes, on officioit de quatre façons différentes. On y descend par quarante-huit marches de pierre. A droite, & au milieu de l'escalier, sont les Tombeaux de Sainte Anne & de Saint Joachim. A gauche, est celui de S. Joseph; & au milieu de l'Eglise, est le Sépulchre de la Ste Vierge qui est renfermé dans une petite Chapelle, où il n'y a que les Latins qui y puissent célébrer; ladite Chapelle a environ douze pieds de long & six de large. Sortant de ce lieu, à main gauche est la Grotte où J. C. sua Sang & eau, & où il se retira pour faire sa priere. C'est dans cet endroit où l'Ange lui pré-

Sépulchre de la Sainte Vierge.

Grotte où Jesus-Christ sua sang & eau.

senta le calice, & où Jesus-Christ dit, levant les yeux au Ciel ; *si vous voulez Seigneur que je boive ce calice, que votre volonté soit faite.* Tout proche, & à un jet de pierre, est l'endroit où les Apôtres dormoient pendant que J. C. prioit. Selon la tradition c'est une roche sur laquelle Pierre, Jacques, & Jean étoient endormis quand Jesus vint leur dire, *Veillés & priés, car mon Heure est proche.*

Pierre sur laquelle les Apôtres dormoient.

Jardin des Olives.

A main droite, à environ quinze pas de ce lieu, est le Jardin des Olives, où il y a sept Oliviers que l'on dit être du tems de J. C. ils sont prodigieusement gros & portent encore fleurs & fruits. Ce jardin est entouré d'une petite muraille d'un pied & demi de haut, & n'a qu'environ trente-cinq pas en quarré. Du côté le plus à l'Ouest, est un petit enfoncement que l'on dit être

le

le lieu où Judas trahit son divin Maître, & qu'il fit saisir par les Juifs. Proche cet enfoncement, est l'endroit où Saint Pierre coupa l'oreille à Malchus.

A environ cent pas de ce Jardin, on trouve les Sépulchres des Prophetes, qui est un lieu souterrain, où sont taillés dans le roc quantité de Sépulchres, comme ceux dont j'ai parlé dans ma description des Catacombes d'Alexandrie. {Sépulchres des Prophetes.}

Continuant nôtre route pour monter à la croupe du Mont Olivet, nous vîmes le lieu où les Apôtres firent le Symbole. C'est une espece de cave de dix-huit pieds de large, & longue de trente, dont la voûte est soûtenuë par des colonnes. {Lieu ou fut fait le Symbole des Apôtres.}

A une portée de fusil plus haut, est le lieu où J. C. fit le Pater, & environ cinquante pas au dessus, est l'endroit où fut {Où Jesus-Christ fit le Pater. Prédiction du Jugement dernier.}

prédit le Jugement dernier. Ce fut proche ce lieu que Sainte Pelagie, courtisane d'Antioche, fit pénitence.

Où l'Ange prédit la mort à la Sainte Vierge.

Nos Religieux y avoient autrefois une Chapelle dont les Turcs se sont emparés pour en faire une Mosquée, vis-à-vis de laquelle, est le lieu où l'Ange apparut à la Sainte Vierge, & lui prédit sa mort ; cet endroit est marqué d'un bout de colonne.

Etant arrivés sur la croupe du Mont Olivet, qui est le lieu de l'Ascention de J. C. nous fîmes notre priere proche une Mosquée, qui étoit autrefois une Eglise qui appartenoit aux Latins, & dans laquelle il y a une pierre sur laquelle est l'empreinte d'un pied gauche, que l'on dit être de Jesus-Christ, & que l'empreinte du pied droit étoit aussi marqué sur une autre pierre, que les Turcs ont portés dans le Temple de Salomon, & pour laquelle on dit qu'ils ont beaucoup de vénération. Pour entrer dans cette Mosquée il fallut payer quelques tributs au Turc qui en avoit la clef.

Nous descendîmes ensuite de l'autre côté du Mont Olivet, & nous passâmes proche l'endroit où étoit le Village de Jessemanée, & proche Bethphagée, où J. C. envoya chercher l'Anesse & l'Anon pour faire son entrée dans Jérusalem le jour des Rameaux; ces deux endroits ne sont présentement que des ruines, où l'on a peine à connoître s'il y a eu des Villes ou Villages bâtis dans ces lieux.

Village de Jessemanée.
Château de Bethphagée.

A une lieuë de là, étoit la Ville de Bethanie, située dans un vallon, où tout est, pour ainsi dire, entierement ruiné. On y voit la pierre sur laquelle J. C. s'assit quand il vint pour ressusciter

Pierre sur laquelle Jesus-Christ s'assit quand il vint ressusciter Lazare.

Lazare, où Marthe lui dit: *Domine si fuisses hic frater meus non fuisset mortuus*. Cette pierre est haute d'environ deux pieds, & ressemble à un relais qui auroit été taillé dans le roc ; on dit que l'on en a beaucoup cassé, & qu'elle conserve toujours la même hauteur, & la même grosseur ; ce que je n'affirmerai pas.

Château de la Magdelaine.

A quelques pas de cette pierre, étoit le Château de la Magdelaine, & tout proche est un Puits qui servoit à son usage. A environ cinquante pas plus loin étoit le Château de Marthe, dont il reste un petit pend de mur d'environ sept pieds de haut. Delà nous vinmes au Château du Lazare, qui étoit bâti sur une

Château du Lazare.

petite éminence, duquel on voit encore des murailles fort élevées.

On descend dans son Sépulchre par vingt-six marches taillées dans le roc, pour arriver dans une petite Chapelle où nos Religieux célébrent quatre fois l'année. Etant dans cette Chapelle on descend six marche pour arriver dans une petite Grotte de sept pieds en quarré; il y avoit quatre jours que le Lazare étoit mort, & mis dans ce lieu, quand J. C. le ressuscita. La pierre qui sert d'Autel à la Chapelle dont je viens de parler, est celle sur laquelle étoit le corps du Lazare dans son Sépulchre.

Sortant de ce lieu, nous passâmes proche la Maison de Simon le Lépreux, dont on voit encore quelques vestiges. *Maison de Simon le Lépreux.*

Nous continuâmes notre route le long de la Vallée du Figuier maudit, pour venir à la Vallée de Josaphat, sur le bord de laquelle est l'Arbre où l'on prétend que Judas se pendit après *Arbre où Judas se pendît.*

avoir trahi le Sauveur du monde. Proche ce lieu est le Cimetiere des Juifs. Nous descendîmes ensuite dans ladite Vallée, sur le bord de laquelle est le Sépulchre d'Absalon fils de David, qui est entouré de plusieurs colonnes, dont les chapiteaux sont Corinthiens, & est couvert d'une piramide; il est facile à connoître par la quantité de pierres qui sont à l'entour, d'autant plus que personne ne passe proche ce Sépulchre sans y en jetter, comme détestant la mémoire de ce Prince, à cause de sa rebellion contre son Pere. Ce Sépulchre est tout vis-à-vis d'un petit Pont qui est sur le Torrent de Cedron, du haut en bas duquel les Juifs firent tomber Jesus-Christ à force de le maltraiter, quand ils l'eurent pris au Jardin des Oliviers; l'empreinte de son corps est marqué

Sépulchre l'Absalon.

sur une roche au bas dudit Pont dans le Torrent.

Plus loin se voit le Sépulchre de Zacarie, & ensuite la Grotte où les Apôtres se cacherent quand J. C. fut pris. Cette Grotte est taillée dans le roc, & les fenêtres sont fermées de barreaux de fer. Continuant sa route du long de ladite Vallée, on voit à droite une Fontaine que l'on nomme Fontaine de la Vierge, parce qu'elle a lavé dans cettedite Fontaine les langes de son cher Fils ; on y descend par quinze marches. L'eau en est fort bonne.

Nous fûmes ensuite voir le Puits où les Juifs cacherent le feu Sacré quand ils furent emmenés captifs en Babilone sous Nabucodonosor. Après avoir été délivrés de leur captivité qui dura soixante-dix ans ; & de retour en Judée, le Grand-Prêtre Nehemie fit chercher le feu

Puits où fut caché le feu sacré.

Sacré dans ledit Puits. On n'y trouva que du limon, lequel ayant été mis sur l'Holocauste, elle s'enflama & fut consumée.

Arbres entre lesquels fut scié le Prophete Isaïe. En remontant du côté de la Ville, nous passâmes proche le lieu où le Prophéte Isaïe fut scié tout vif, avec une scie de bois, par l'Ordre du Roy Manassé. On prétend que ce fut entre deux Oliviers, proche lesquels étoient quatre Arabes qui avoient bonne volonté de nous donner la bastonnade ; ils nous le témoignerent assez ouvertement, en nous disant, que nous étions bien heureux d'être en si bonne compagnie, qu'autrement nous ne passerions pas à si bon marché. La bonne compagnie dont ils parloient, étoit ce Check-Arabe qui nous escortoit. Nous ne restâmes pas long-tems dans ce lieu, crainte qu'ils ne manquassent de respect pour notre Guide.

A cent pas de là se voit la piscine de Siloée, où Jesus-Christ envoya l'Aveugle né, qui y recouvra la vuë.

Piscine de Siloée.

Sur la gauche du chemin proche les murs de la Ville, est le Champ du Potier, qui fut acheté de l'argent que Judas reçut quand il vendit son Maître; ce Champ est entouré de murailles, on y a bâti un Hôpital pour loger les pauvres passans. Entre ce Champ & la Ville, est l'endroit où S. Pierre pleura son péché après avoir renié Jesus.

Champ du Potier.

Il étoit pour lors deux heures après midi. Nous nous arrêtâmes proche les murs de la Ville, sur le bord de la Vallée de Josaphat pour dîner.

Après dîner nous continuâmes notre route le long desdits murs, nous passâmes proche la porte par laquelle Jesus-Christ entra quand il fit son entrée dans

R

Jérusalem le jour des Rameaux. Après avoir parcouru la Vallée de Josaphat, nous traversâmes les champs pour aller aux Sépulchres des anciens Roys d'Israël, qui sont éloignés de la Ville d'environ un quart de lieuë.

Sépulchres des anciens Roys d'Israël.

C'étoit autrefois un espece de Château entouré de murs forts hauts. La cour est octogone, au fond de laquelle, à gauche, est une espece d'hangars où il paroît avoir été autrefois un escalier. Sous cette voûte, à gauche, est un trou par lequel on passe, pour se laisser glisser le long du mur, pour entrer dans une grande salle quarrée où sont les portes de quatre chambres qui communiquent dans ladite salle; ces quatres portes ont été taillées dans le roc, & n'en ont jamais été détachées que pour leur donner la facilité de tourner sur leurs gonds qui sont du même roc, (&

l'on peut dire que c'est l'ouvrage d'une main habile.) Dans chacune des chambres il y a huit Sépulchres, tous taillés dans le roc, de la même façon que ceux dont j'ai parlé. Dans la chambre qui est à main droite en entrant dans la grande salle qui sert comme d'antichambre aux quatre que je viens de décrire; & après avoir descendu six marches, on trouve une autre petite chambre d'environ dix pieds de long, & huit de large, dans laquelle se voit un Tombeau de pierre, fait en forme de cercueil de six pieds & demi de long, qui a été rompu par les Turcs.

En retournant à la Ville, nous passâmes proche la Grotte du Prophéte Jeremie, dont la porte étoit fermée ; elle paroît avoir été aussi taillée dans le roc, & n'est éloignée de la Ville que d'environ deux cens pas. Nous retournâmes au Couvent. N'y ayant plus rien à voir ni dans la Ville, ni aux environs, nous nous disposâmes à partir ce même soir ; nous ne pûmes point aller au Jourdin, les Arabes étant en guerre sur la route où nous devions passer.

Description du Couvent de Saint Sauveur.

Le Couvent de S. Sauveur est très-beau, & fort commode pour les Pellerins qui y sont bien reçus & bien traités.

L'Eglise en est belle & bien ornée, & pavée de marbre. Il y a trois Autels; sçavoir, le Maître Autel qui est dédié au S. Esprit ; celui qui est à droite, est dédié à la Scene de J. C. & l'autre à l'Apparition de Jesus-Christ à S. Thomas.

Avant notre départ, les Religieux s'assemblerent ; le Révérendissime revêtu de ses habits sacerdoteaux, nous fit un Sermon des plus touchans, ensuite nous donna sa bénédiction & nous embrassa. Sortant de l'Eglise l'on nous expedia des Lettres Patentes.

Après avoir pris congé des Peres, nous partîmes ce même jour vingt-deux Aoust à six heures du soir, accompagnés de notre Guide, du Conducteur de la Caravane qui nous avoit amenés, & de quatre Arabes. Nous marchâmes toute la nuit par une autre route que celle que nous avions faite en allant. A minuit nous mîmes pieds à terre dans un vallon, où nous dormîmes près d'un buisson éloigné du chemin de dix ou douze pas. A neuf heures du matin nous arrivâmes a Napelouze, nous fûmes loger chés le Gouverneur qui est, comme je l'ai déja dit, le frere de l'Aga.

Départ de Jérusalem.

L'heure du dîner étant venuë,

Dîner du Gouverneur de Napelouze.

on mit le couvert dans notre appartement, & on servit avec autant de propreté, & environ la même quantité de plats que l'on avoit servi chés l'Aga; nous fûmes invités à ce repas, où nous fimes à peu-près la même figure que la premiere fois. Etant sortis de table tout le monde se lava les mains, on prit le Caffé, & ensuite la pipe, commission dont je m'acquittois fort bien, d'autant plus que je fumois beaucoup quand j'étois dans les troupes. Ces Turcs étoient charmés de voir que je ne faisois nulle difficulté de vivre comme eux, & disoient qu'il étoit facheux que je fusse né Infidele, que si Dieu m'avoit fait la grace d'être né dans la religion Mahometane, que j'aurois été un très-bon Musulman.

Départ de Napelouze.

A sept heures du soir, l'Aga nous donna un de ses Janissaires pour nous accompagner jusqu'à Nazareth. Nous marchâmes toute la nuit par monts & vallées avec un profond silence. A deux heures du matin, nous traversâmes un Village où il y avoit du monde éveillé ; on nous demanda qui nous étions ; notre Guide répondit ; & aussi-tôt que nous fûmes hors du Village, il nous fit entendre qu'il falloit s'éloigner promptement, crainte que ceux qui venoient de lui parler ne vinssent nous reconnoître. Nous quittâmes notre route pour en reprendre un autre, & nous partîmes au grand galop à travers champs pour nous éloigner de ce mauvais lieu, il falloit être muets à la vûë d'un Village, où à la rencontre de la moindre personne.

Nous arrivâmes à Nazareth le vingt-trois à huit heures du matin, où nous quittâmes nos habits Arabes pour reprendre les nôtres. A deux heures nous partîmes de Nazareth pour retourner à S. Jean d'Acre où nous arrivâmes à sept heures du soir, & nous logeâmes chés le Consul.

Le lendemain vingt-quatre, ayant appris que l'Escadre du Roy n'étoit plus devant Seyde, & qu'elle avoit fait voiles pour Chypre, M. de la Condamine voulut noliser un Bateau pour nous passer en Chypre ; mais les François qui sont établis dans ce lieu, lui représenterent que le vent étoit contraire, & qu'il feroit beaucoup mieux d'aller à Seyde, où il trouveroit des occasions autant même plus qu'il ne voudroit, pour passer en Chypre, & que tous les soirs, il s'élevoit un vent de terre sur ces parages, qui portoit plus de vingt lieuës au large, & que notre traversée seroit au plus de vingt-quatre heures.

M. de la Condamine se rendit à toutes ces remontrances avec peine, & sembloit prévoir ce qui nous devoit arriver.

Avant de partir d'Acre, nous fûmes voir les ruines du Château que les Chevaliers de Malthe possedoient autrefois dans cette ancienne Ville de Palestine, qui selon Strabon, étoit une des plus florissantes de son tems, à présent très-petite, où l'on fait peu de commerce.

Après avoir oüi la Sainte Messe, nous partîmes d'Acre avec M. Gailles, Marchand François, établi à Seyde. Nous fûmes accompagnés de plusieurs François jusqu'à une lieuë de la Ville.

Départ de Saint Jean d'Acre.

Comme il y a dix-huit lieuës d'Acre à Seyde, nous portâmes nos provisions de bouche; & après avoir marché environ quatre heures, nous nous arrêtâmes sous un arbre, au bord d'une fontaine, pour dîner. Nous continuâmes ensuite notre route à travers des montagnes fort escarpées qui bordent la mer, où il y a de très-mauvais chemins ; ayant traversé deux lieuës de montagnes nous arrivâmes proche un Château où nous payâmes une demie Piastre par tête pour le Caffare. Après avoir fait environ trois lieuës, nous trouvâmes deux grands Bassins que l'on nomme Puits de Salomon, que l'on dit être l'ouvrage de ses mains. Le plus petit a environ vingt-cinq pieds en quarré, fait aller un Moulin. L'autre qui est beaucoup plus grand, décharge ses eaux par deux canaux dans une espece d'entonnoir de pierre, d'où ces eaux tombent dans des auges avec rapidité, & font aller deux autres Moulins. Ces Puits sont ex-

Puits de Salomon.

traordinairement profonds, & situés dans une Plaine sur le bord de la mer ; ils sont élevés de la surface de la terre d'environ douze pieds, l'eau en est très-bonne. Comme il étoit fort tard, & que le jour commençoit à finir, nous continuâmes notre route & arrivâmes à Tyr à huit heures du soir.

Cette Ville si superbe autrefois, ne mérite pas aujourd'hui de porter le nom de Hameau. Ses murs sont abbatus, son Port est comblé ; en un mot, il n'y a plus que quelques mazures où logent des Grecs & des Arabes. *Ville de Tyr.*

Avant que d'arriver dans cette ancienne Capitale, nous passâmes par le chemin qu'Alexandre se fit dans la Montagne quand il vint subjuguer les Tyriens, il y peut passer quatre Cavaliers de front.

Nous logeâmes chés un Grec qui nous donna une Ecurie pour tout appartement; nous occupâmes le logement de nos chevaux que l'on mit coucher dans la cour; il ne se trouva rien chés notre hôte pour souper; heureusement qu'il nous restoit quelques débris de notre dîner, qui nous furent d'un grand secours; car nous avions tous bon appetit.

Le lendemain vingt-cinq, Fête de Saint Loüis, nous partîmes de Tyr, que l'on nomme actuellement Sour; nous arrivâmes à Seyde à onze heures du matin, nous entendîmes la Messe, & dinâmes chés M. Gailles. Sortant de table, nous fûmes voir les Sépulchres des anciens Roys de Sidon, où l'on voit un Arbre petrifié, qui est plus dure que le roc même; ces Sépulchres sont taillés dans le roc, comme ceux dont j'ai parlé.

Sépulchres des Anciens Roys de Sidon.

Seyde, Ville de Syrie, autrefois nommé Sidon, est sur le bord de la mer, au Septentrion de la Ville de Tyr. Du tems des Chrétiens il y avoit deux Forteresses qui défendoient l'entrée de son Port, présentement il n'y en a plus qu'une qui subsiste en partie, & n'est capable d'aucune défense. Dans le camp des Francs demeurent les Religieux de l'Ordre de Saint François, & les Marchands qui y font un trafic considérable en Soye & en Coton.

Description de la Ville de Seyde.

Au tour de la Ville sont quantité de Jardins plantés de toutes sortes d'arbres fruitiers, entr'autres garnis de Muriers blancs, dont les feüilles servent à nourrir les Veres à Soye. Il y a aussi des Figuiers dont les feüilles ont environ deux pieds de long & un de large ; on prétend qu'Adam se servit de ces feüilles pour se couvrir quand il eût péché, l'on nomme ces Figuiers du nom d'Adam.

A quatre heures M. de la Condamine nolisa un Bateau pour nous passer en Chypre, & à cinq heures nous nous rendîmes à bord. Etant dans cette Barque & prêts à faire voile, l'Aga de Chypre envoya dire aux Messieurs de la Nation, de prier M. de la Condamine de vouloir bien recevoir sur son bord un Aga qui vouloit passer en Chypre avec un Drogmant & quelques domestiques, il ne s'agissoit pour lors que de quatre ou cinq personnes, & il s'en trouva plus de vingt, de sorte qu'il n'y avoit, pour ainsi-dire, plus de place pour nous. Tout cela ne nous auroit point empêché de faire voile si M. de la Condamine ne s'étoit trouvé incommodé, je me fis mettre à terre & fus prier

Meſſieurs de la Nation d'envoyer quelqu'un pour le faire débarquer, n'étant pas en état, avec la fiévre, de ſoutenir les fatigues de la mer dans un pareil Bâtiment; il vint auſſi-tôt un Marchand, & nous débarquâmes.

Le lendemain le Reys du Bâteau vint nous avertir que le vent étoit bon, & ſçavoir ſi nous voulions partir; nous ne deférâmes pas d'un moment; nous nous embarquâmes à midi, avec un petit vent de terre qui nous porta ſix lieuës au large.

Après avoir relevé Seyde, d'où nous étions éloignés d'environ ſept lieuës, le vent changea & devint contraire; ces ſortes de Bâtimens, ou pour mieux dire ceux qui les conduiſent, n'étant pas accoutumés à naviguer avec le vent contraire, & n'ayant ni Cartes ni Bouſſolles, le Reys ſe trouva fort embarraſſé; il nous dit qu'il falloit retourner à Seyde, que le vent n'étant pas bon, il ne pouvoit plus aller, & qu'ayant des Turcs fur fon bord, il appréhendoit les Corfaires. Quelqu'inftances qu'on lui ait pû faire, il perfifta toujours pour retourner. Il ajoûta cependant que fi M. de la Condamine vouloit répondre des Turcs qui étoient dans fon Bâtiment, qu'il tiendroit la mer, & feroit route. M. de la Condamine aima mieux retourner à Seyde, que d'engager fa parole pour des gens qui le méritoient fi peu, & qui nous embarraffoient beaucoup ; nous retournâmes enfin, & fix heures après nous débarquâmes.

Quelques-tems après que nous fûmes à terre, on apprit qu'un Grec alloit mener du Bled à Beruth ; on fit venir cet homme, & ayant fait marché avec lui pour nous paffer en Chypre, nous

nous nous embarquâmes à dix heures du soir & fîmes route la même nuit.

Le lendemain vingt-sept, à huit heures du matin, nous arrivâmes à Beruth ; ce Grec ayant déchargé son Bled, ne put partir, le vent étant contraire, il fallut attendre le vent de terre qui regne ordinairement à minuit sur ces Côtes ; le vent étant venu petit frais, nous mîmes à la voile. Le lendemain à huit heures du matin nous n'étions qu'à cinq lieuës de terre, le vent cessa, & nous restâmes en calme toute la journée ; la nuit suivante fournit très-peu de vent. Quand nous eûmes perdu les Côtes de vuë, nos Mariniers qui étoient aussi bons Pilotes que le Reys dont j'ai parlé, & munis des choses nécessaires pour la navigation, ne sçavoient de quel côté faire route, & au-

S

roient été fort embarassés si M. de la Condamine n'avoit eû la précaution de copier à Seyde la partie de la Carte dont nous avions besoin pour notre traversé; il avoit aussi une Boussole de poche qui fut d'un grand secours. Quand nos Grecs virent cet appareil, ils lui confierent le gouvernement de la Barque, & venoient le consulter pour sçavoir leur route. Le vingt-neuf, nous restâmes en calme sans pouvoir gouverner.

Le 30. nous eûmes fort peu de vent jusqu'à midi qu'il commença à fraîchir. A six heures nous découvrîmes la terre; aussitôt qu'on l'eut reconnuë, nos Mariniers redevinrent Pilotes. Depuis huit heures du soir jusqu'au lendemain, nous restâmes en calme.

Le 31. le vent ayant fraîchi à peu près à la même heure que

le jour précédent, nous forçâmes de voiles pour profiter du tems, & arriver le plûtôt qu'il nous feroit poffible. A quatre heures le vent ayant doublé, la mer devint fi groffe, que fouvent il paffoit des grains par deffus notre Barque, qui nous innondoient ; nous arrivâmes malgré ce gros tems à cinq heures & demie à une lieuë de l'Ernica, où nous fûmes obligés de jetter l'ancre, pour éviter le danger qui étoit véritablement grand ; car plus nous approchions de terre, plus la mer étoit groffe ; malgré cette précaution je crois que fi le vent s'étoit encore renforcé, nous n'aurions pas été en fûreté.

Au coucher du Soleil le vent changea ; nous levâmes l'ancre, & arrivâmes à l'Ernica en Chypre, vent arriere.

Ayant pris Port, nous fûmes conduits chés M. de Mongrand,

Consul de France, où nous apprîmes que les Vaisseaux du Roy étoient partis depuis trois jours. Si M. de la Condamine n'avoit pas crû les Marchands d'Acre, nous aurions immanquablement trouvé les Vaisseaux en Chypre, ou du moins nous les aurions joints en mer.

Le lendemain de notre arrivée, on nous dit qu'une Barque Françoise carennoit à Famagouft, & qu'elle devoit faire voiles pour Smirne; on envoya un Exprès pour sçavoir quand elle partiroit, & prier le Capitaine de relâcher à l'Ernica; le Commissionaire revint le lendedemain avec une Lettre du Capitaine le Roy qui commandoit cette Barque, par laquelle il marquoit qu'il étoit prêt à partir, & qu'il ne pouvoit relâcher qu'à Limassol, petite Ville de cette Isle, distante de l'Ernica de quinze lieuës par terre.

Ce même jour nous fûmes voir un Sépulchre, que l'on dit être celui dans lequel on mit Lazare, quand il mourut pour la seconde fois. Il est dans une Eglise Grecque, bâtie dans le Village proche la Marine; derriere le Chœur de cette Eglise est ce Sépulchre, dont l'entrée est si petite, que l'on a peine à y passer. Il paroît y avoir eu autre-fois trois marches pour y descendre; il est à peu-près de la même grandeur que celui que j'ai vû en Béthanie.

Nous trouvâmes dans ce lieu un Animal de la grosseur d'une Noix, ayant presque la forme d'une Arraignée, mais plus long & les pattes différentes. On prétend que ces sortes d'animaux sont plus mauvais que l'Aspic, dont il y a grande quantité dans cette Isle. Nous le tuâmes, & le

Animal extraordinaire.

Drogmant ne put jamais nous dire son nom en François.

Départ de l'Ernica. Le même jour nous partîmes de l'Ernica à cinq heures du soir, avec M. Christophle, Drogmant de la Nation, & un homme pour avoir soin des Chevaux.

A deux lieuës de l'Ernica il y a de très-belles Salines, où l'eau de la mer n'a pas communiqué depuis plus de cent ans, elles fournissent autant de Sel par l'eau de la pluye, qu'elles en fournissoient quand l'eau de la mer y entroit.

A une lieuë au-delà desdites Salines on voit le Tombeau de la mere de Mahomet, où il y a une Mosquée, à côté de laquelle est un petit Dôme dans lequel ce Tombeau est précieusement renfermé. Le Gardien nous permit par grace, de regarder à travers les fenêtres qui sont fermées de grilles de fer. Les Turcs prétendent que ce n'eſt point aux Infideles à voir des choſes ſi Saintes, & ſi Sacrées.

Nous continuâmes notre route juſqu'à dix heures du ſoir, que nous nous arrétâmes dans un Village où notre Drogmant étoit connu; nous ſoupâmes dans ce lieu, & dormîmes dans la cour, juſqu'à deux heures que nous montâmes à Cheval, & ayant marché juſqu'à ſix heures du matin, nous nous arrétâmes proche une fontaine dans un vallon pour faire boire nos chevaux. Dans ce moment il paſſa un homme venant de Limaſſol, qui nous dit que le Capitaine le Roy n'étoit pas encore arrivé, ce qui nous occaſionna de reſter trois ou quatre heures dans ce lieu pour repoſer nos Chevaux.

Nous arrivâmes à Limaſſol le quatre Septembre à cinq heures du ſoir; nous logeâmes chés un Grec nommé Dimitry, qui fait les affaires de la Nation Françoife dans ce Port. Le lendemain cinq, nous montâmes à cheval pour aller voir les ruines du Château de l'ancienne Limaffol.

Ruines de l'ancienne Limaffol.
L'on y voit deux Urnes de pierre fort dure, qui ont environ douze pieds de profondeur & vingt de diametre. Ce Château étoit situé sur la croupe d'une montagne fort escarpée à deux lieuës de la nouvelle Ville. Du haut de cette montagne nous découvrîmes dans un vallon, à une demie lieuë d'où nous étions, une colonne qui est plantée au milieu de la campagne ; en descendant pour l'aller voir, nous rencontrâmes une compagnie de Perdreaux, le Drogmant & moi, tuâmes chacun le nôtre ; cette colonne dont je viens de parler, a treize pieds de haut,

sans

sans y comprendre le pied d'estal qui en a trois; nous n'y trovâmes aucune inscription qui nous put instruire du sujet pour lequel on l'a plantée.

Le six je fus à la Chasse, & fis plus de deux lieuës sans rencontrer du gibier que l'on nomme Francolin, dont il y a grande quantité dans cette Isle, je tuai six pieces d'autres gibiers; comme il étoit tard, & que je retournois à la Ville fort mécontent, faisant réflexion sur le malheur que j'avois de ne pouvoir tirer de ces pieces tant vantées & qui m'étoient inconnuës. Le moment d'après traversant par des grandes herbes, je vis partir un de ceux que je cherchois depuis si long-tems; je saisi l'occasion, la fortune me favorisa, quoique le tirant, pour ainsi dire, hors de portée, je le démontai d'une aile; le voyant tomber je courus à mon coup promptement, crainte qu'il ne m'échapât, parce qu'ils courent plus vîte que la Perdrix. Aussitôt que je l'eut attrapé, je m'en revint un peu plus satisfait. Ce gibier est un dérivant du Faisant, & de la Perdrix, & est un peu plus gros que la Perdrix rouge.

Des Francolins.

Le sept je m'étois proposé, d'aller chasser dans la montagne où l'on trouve plus de gibier que dans la Plaine, & j'étois prêt à partir, lors qu'il arriva un Exprès de la part de M. de Mongrand avec une Lettre de sa main, par laquelle il mandoit que la Barque que nous attendions avoit relâché à l'Ernica, & qu'elle nous attendoit, je fus par conséquent obligé de rompre ma partie de chasse & de songer à partir.

Il y a à Limassol un Château sur le bord de la mer, pour la

sûreté des Bâtimens Turcs & Grecs qui y moüillent, les Turcs y font la garde toute la nuit, & de moments à autre crient de toutes leurs forces. *Sakena à larga.* C'est-à-dire *prenés garde à vous, tenez vous au large, car nous sommes sur nos gardes.* On allume aussi deux feux d'abord qu'il est nuit, un sur la pointe du Cap d'Agathe, & l'autre sur la montagne où étoit située l'ancienne Limassol, pour faire voir aux Corsaires qu'on seroit toujours prêt à se défendre s'ils vouloient approcher ; je crois que ces sortes de signaux témoignent plus de peur que de courage. Malgré toutes ces précautions, deux Corsaires Malthois, leur enleverent il y a six mois, trois Bâtimens chargés de Bled, & d'autres marchandises, qui furent conduits à Malthe ; voici comme l'affaire se passa.

Du Château de Limassol & de la garde que l'on y fait.

Ces deux Corsaires mirent à l'encre à la pointe du Cap d'Agathe, d'où ils ne pouvoient être apperçus de la Ville. Ils jetterent leurs Felouques à la mer, & les armerent de vingt-cinq à trente hommes chacune, & se tinrent au large tout le reste du jour; quand il fut nuit, ils vinrent terre à terre, jusques sous les murs du Château où étoient moüillés ces trois Bâtimens. Ils les aborderent, en couperent les Cables, & mirent à la voile sur le champ sans être découverts. La Sentinelle qui étoit sur les Tours voyant partir ces Bâtimens, se douta de ce qui étoit arrivé, & se mit à crier; aussi-tôt on tira un coup de Canon du Château qui éveilla l'Equipage desdits Bâtimens, qui se voyant le bout du fusil sur l'estomach, prirent le parti de se rendre sans résistance. Le

Château continua de tirer, & l'on prétend qu'il fut tiré plus de cent coups de Canon sans faire aucun mal, ni même frapper les Bâtimens, ainsi les deux Felouques s'en rendirent maître sans perdre un homme.

Le sept à quatre heures du soir, nous partîmes de Limassol, & nous vînmes souper dans un Village situé au milieu d'un bois à deux lieuës de la mer, où les Corsaires Malthois font souvent des prises; comme il étoit environ minuit & que nous étions huit hommes tant à pied qu'à Cheval, les habitans de ce lieu, nous entendant venir se sauverent dans les bois, croyant que nous étions Corsaires, & que nous venions les pillier, ou les faire Esclaves. Le Drogmant nous recommanda de ne point parler aux approches de ce Village où il étoit connu, crainte

T iij

de reçevoir quelques coups de Fusils. Il avança le premier & appella ceux qu'il connoissoit dont il n'étoit resté que quelques femmes & un homme qui étoit monté au fête de sa maison, armé d'un Fusil & de deux Pistolets. Quand ils entendirent la voix du Drogmant, ils furent rassurés ; & nous reçurent dans une Cour, où l'on alluma du feu proche lequel nous soupâmes ; le lendemain à deux heures du matin nous montâmes à Cheval & arrivâmes à l'Ernica à dix heures du matin.

Le neuf nous couchâmes à bord de cette Barque, nommée la Galere de Marseille, ci-devant la Chypriotte, sur laquelle il y avoit six semaines que la peste avoit été, dont il n'étoit resté de tout l'Equipage que le Capitaine & trois Matelots, & qui étoit sans contredit la plus vielle Barque de toute la Méditerranée. Nous partîmes enfin avec vent contraire le dix de Septembre, & nous louvoyâmes pendant cinq jours sans pouvoir doubler l'Isle de Chypre. Il y avoit sur notre bord 50 passagers Turcs qui n'avoient pas fait beaucoup de provisions; & prévoyant le besoin où il se trouveroient en s'exposant de passer en Caramanie sans rafraîchissement, ils obligerent le Capitaine à relâcher à Baffa ci-devant Paphos; je crois même que ce relâchement fit plaisir au Capitaine, d'autant plus qu'il y avoit une voye d'eau à la Barque, qui obligeoit de pomper trois fois le jour. Nous y moüillâmes le quinze à quatre heures du soir.

Nous fîmes mettre notre Equipage à terre, à dessein de passer à Rhodes si nous en trou-

Moüillage de Baffa.

vions l'occasion, & même nous avions plusieurs raisons pour cela. 1°. La quantité d'eau que faisoit la Barque par son trop long service, secondement le Capitaine voyant que son Bâtiment n'étoit pas capable de soutenir la mer, n'osoit courir de grandes bordées, par conséquent nous faisions très peu de chemin, & nous perdions par-là toute espérance de rejoindre les Vaisseaux du Roy où étoit tout notre Equipage, n'ayant emporté avec nous que chacun huit chemises & l'habit que nous avions sur nous.

Etant à terre nous fûmes au Village qui est sur le bord de la mer, & bâti sur les ruines de l'ancienne Paphos, nous y trouvâmes un Grec qui s'offrit de nous loger chés lui pendant tout le tems que nous serions dans cette Isle. M. de la Condamine accepta l'offre ; nous suivîmes notre Hôte qui nous mena à sa maison dans la nouvelle Ville, distante de la Marine d'environ une lieuë.

Cette Ville est bâtie sur une Eminence à l'Est de Paphos, où l'on n'y fait aucun commerce. Le lendemain 16. nous parcourûmes toute cette Ville sans y trover rien qui soit capable d'attirer la curiosité des Voyageurs.

Le soir après avoir soupé, M. de la Condamine monta sur une Terrasse qui étoit dans la cour de notre Hôte, pour voir si nous aurions eû bon vent, en continuant notre route sans relâcher ; cette Terrasse aboutissoit sur la Cour d'un voisin qui y étoit pour lors couché avec sa femme, & qui ayant apperçû M. de la Condamine ordonna sans doute à sa femme de

Avanture causée par une Grecque.

crier & de dire que le François qui étoit logé chez Gaillotte, (c'est ainsi que se nommoit notre Hôte) vouloit descendre pour la prendre de force. Je laisse à penser si M. de la Condamine, dont la réputation est connuë, est un homme à sauter du haut en bas de cette Terrasse qui a plus de vingt pieds de haut, pour aller joüir d'une femme à côté de son mari; je crois même qu'il n'apperçut la femme que dans le moment qu'elle cria; il descendit sur le champ, demanda à notre Hôte pourquoi cette femme crioit de la sorte, Gaillotte en fit l'explication, & dit que ces gens là ne cherchoient qu'à lui nuire, & que cette avanture pourroit lui causer une avanie.

Cette mauvaise femme fut sur le champ se plaindre au Titaban, qui est une espece de Juge de Police, & Receveur des Tailles ou Caraches; elle lui dit que l'Etranger qui logeoit chez Gaillotte avoit voulu la prendre de force, & que Gaillotte lui en avoit fourni les moyens, en lui indiquant de descendre par sa Terrasse; le pauvre Gaillotte fut pour se justifier; & sans écouter ses raisons, on le mit en prison.

Le Titaban envoya chercher M. de la Condamine, il étoit pour lors neuf heures du soir, que nous étions encore dans la Cour à attendre notre Hôte. Dans ce moment arriverent quatre Turcs qui firent entendre à M. de la Condamine d'aller parler au Titaban, pendant que ceux-ci s'efforçoient de parler à un homme qui ne daignoit pas les écouter; il en arriva six autres & après ces derniers, il en parut encore d'autres; en moins d'un quart d'heure ils se trouverént plus de trente; M. de la Condamine ne voulant pas aller parler si tard à cet homme qui lui envoyoit tant d'Exprès coup sur coup, se retira sous un Galtas on nous couchions; tous ces envoyés nous y suivirent, & avoient envie de l'emmener de bonne volonté ou de force. Nous nous apperçûmes de leur dessein, nous prîmes nos Pistolets, & nos Epées, à dessein de nous défendre s'ils nous avoient fait violence. Nous nous assîmes sur un Relais où étoient nos lits, nous leurs fîmes entendre que M. de la Condamine vouloit se coucher, & qu'ils eussent à se retirer; (je crois que nos armes les intimiderent comme on le verra par la suite.) Ils sortirent tous, & quand tout le monde fut retiré nous nous couchâmes. Le lendemain M. de la Condamine fut trouver un Aga qui avoit été dépofé depuis peu, & avec lequel il avoit fait connoiffance la veille, il lui conta comme l'affaire s'étoit paffée, & le pria de faire fortir Gaillotte de prifon. Cet Aga fut trouver le Titaban à qui les gens qu'il avoit propofé pour nous emmener avoient fans doute raconté tous les mouvemens que nous avions faits, fur quoi le Titaban dit à cet Aga que fi nous avions tué quelques Turcs, qu'il auroit fait pendre Gaillotte. L'Aga lui ayant remontré que c'étoit une vindication de la part du voifin de Gaillotte, & que tout ce que cette femme lui avoit dit étoit faux, le pria de donner élargiffement à ce pauvre prifonnier; le Titaban ne voulut point le faire mettre en liberté, que ce pauvre miférable ne lui eût payé une Piaftre, on lui avoit auffi fermé fa

Cave dont on ne lui rendit les clefs qu'en sortant de Prison.

Ce même jour je fus à bord pour sçavoir quand la Barque seroit en état de faire voile, je trouvai le Capitaine qui étoit à la Marine fort embarrassé pour faire reboucher une voye d'eau qui s'étoit faite de nouveau à son Bâtiment, & qui en fournissoit une si grande quantité qu'il y en avoit pour lors cinq pends sur le Leste; il se présenta des Grecs qui s'obligeoient, moyennant vingt Piastres, de mettre la Barque en état de tenir la mer. Ils vinrent à bord dans le tems que j'y étois, & plongerent plus de vingt fois sans pouvoir rien découvrir; ils firent plusieurs fois le tour du Bâtiment sans trouver l'endroit qui fournissoit tant d'eau. Le Capitaine voyant qu'on ne pouvoit remedier au défaut de cette Barque, résolut d'entrer

DU LEVANT. 231

dans le Port & de mettre son Bâtiment sur le côté pour le visiter ; mais comme il en auroit coûté beaucoup, & que ses Matelots étoient d'une partie du gain avec le Capitaine, & dont quelqu'uns d'eux avoient sans doute connoissance de l'endroit ou la Barque faisoit eau ; & prévoyant qu'il leur en coûteroit beaucoup, ils rebouchèrent la voye d'eau, & vinrent dire au Capitaine qu'elle s'étoit rebouchée d'elle même ; sur ce rapport, le Capitaine se prépara à mettre à la voile le lendemain.

Le dix-huit, jour fixé pour notre départ, nous fûmes aux Bains à quatre heures du matin, d'où étant sorti, M. de la Condamine se promenant dans la Ville, apperçut dans la Boutique d'un Barbier un passager Grec de notre bord, qui étant tombé malade quelques jours avant no-

Grec resté malade à Baffa.

tre moüillage, demanda à aller à terre, espérant s'y mieux porter. On différa jusqu'à ce jour à lui accorder sa demande. Etant à terre il se trouva encore plus mal ; il étoit dans la Boutique d'un Barbier, couché par terre sur une natte, lorsqu'il fut vû & reconnu de M. de la Condamine, qui lui demanda ce qu'il faisoit, & pourquoi on l'avoit mis là ; il répondit que ne connoissant personne dans cette Ville, il se trouvoit fort heureux que cet homme eût bien voulu le recevoir chez lui ; M. de la Condamine en eût pitié, le fit transporter chez un Papas Grec, voisin de notre Hôte, & lui demanda s'il étoit déterminé à rester dans cet Isle, où s'il aimoit mieux se rembarquer ; il répondit qu'il n'étoit pas en état de supporter la mer, & qu'il avoit à bord soixante Piastres dont il pria M. de la Condamine

mine de vouloir bien se charger, pour les remettre à Smirne entre les mains du Consul, disant que si le Titaban ou le Cady sçavoient qu'il eut de l'argent, qu'ils le feroient mourir pour en hériter, & qu'ayant des freres il étoit plus juste qu'ils profitassent de cet argent, que d'autres.

M. de la Condamine charitablement prit un Cheval, fut à la Marine, & delà se rendit à bord, où il trouva l'argent que le malade avoit dit ; il fit son Billet de cinquante Piastres qu'il laissa entre les mains du Capitaine, il fit aussi prendre les hardes de cet homme, les lui fit apporter, & voulut remettre les dix Piastres restantes de la somme de soixante au Papas Grec, pour avoir soin du malade ; le Papas ni personne ne voulut s'en charger, disant que si la chose étoit sçûë, on leur feroit un mauvais parti, que c'étoit au Cady à qui il falloit remettre & les hardes & l'argent, ce qui fut fait dans le moment.

Le Cady ayant sçû que ce Grec avoit remis de l'argent à M. de la Condamine, l'envoya chercher, sous prétexte d'avoir quelque chose à lui communiquer ; nous y fûmes avec un Drogmant, nous trouvâmes le Cady qui étoit dans la Salle du Divan entouré de plusieurs Janissaires & autres. Il dit à M. de la Condamine qu'il ait à lui remettre cinquante Piastres qu'il avoit à cet homme qui restoit malade à Baffa. M. de la Condamine lui dit qu'il étoit bien vrai qu'il avoit cinquante Piastres à cet homme, desquels il avoit son Billet payable au Porteur, & qu'il ne les rendroit pas ; le Cady fit dire que nous ne partirions point qu'il n'ait reçû les cinquante Piaſtres, qu'il ne s'embarraſſoit point du papier, & que c'étoit de l'argent qu'il lui falloit; il ajouta de plus, que cet homme étoit Grec, & par conſéquent Tributaire du Grand-Seigneur même. M. de la Condamine voyant l'obſtination de cet homme, & les injuſtes raiſons qu'il alleguoit, l'envoya promener & lui dit qu'il alloit partir, & qu'il ne rendroit point l'argent dont il s'étoit chargé.

Nous ſortîmes ſur le champ & paſſâmes chez notre Hôte pour lui payer le tems que nous avions reſtés chez lui & y prendre quelques rafraîchiſſemens que nous avions achepté ; pendant ce tems le Cady envoya avertir le Titaban de ce qui s'étoit paſſé, lequel envoya neuf ou dix hommes pour nous arrêter, & nous dire de lui aller par-

Avanture arrivée à Baffa.

ler ; nous les trouvâmes devant la porte qui attendoient notre sortie, nous passâmes entr'eux sans toute-fois en être arrétez. Après avoir descendu par un petit Sentier qui conduit au grand Chemin, j'apperçûs M. de la Condamine qui étoit environ vingt pas devant moi qui, se défendoit l'épée à la main, contre quatre Turcs qui vouloient l'arrêter; je jettai par terre toutes les provisions dont je m'étois chargé, & courûs aussi-tôt le joindre, je mis l'épée à la main sur le champ & M. de la Condamine me dit qu'il falloit seulement les repousser sans les tuer. Voyant qu'ils n'apréhendoient pas nos épées, je sortis un Pistolet de poche que je leur fis voir au clair de la Lune. A cet aspect ils pousserent un grand cri & se sauverent ; nous continuâmes ensuite notre route. Nous étions tout au plus à cinq-cens pas de la

Ville, que nous entendîmes fort proche une nombreuse troupe, tant à pieds qu'à Cheval, qui venoient sur nous, & qui ne nous approchoient qu'à la portée du Fusil; comme nous ne pouvions leur échaper en passant dans le Village qui est bâti sur les ruines de Paphos, où nous aurions été sans doute arrêtés, nous passâmes par des Jardins pour arriver les premiers à la Marine, où nous nous ferions emparés de la premiere Chaloupe pour nous conduire à notre bord, sans être de nouveau exposés aux insultes de ces misérables. Aussi-tôt qu'ils nous crûrent dans le Village, ils piquerent leurs Chevaux, & crierent de toutes leurs forces aux Gardes de ce lieu de nous arrêter; mais quelle fut leur surprise! ne nous trouvant point, ils ne sçavoient ce que nous étions.

devenus ni quelle route nous avions pris ; ils coururent à la Marine, & ne nous y ayant point trouvés, ils établirent des Corps-de-Gardes fur le bord de la mer, pour nous arrêter, au cas que nous vinssions pour nous embarquer.

Nous arrivâmes proche la Marine, à couvert d'un grand mur qui ferme un Jardin situé sur le bord de la mer, d'où nous découvrîmes un gros de Cavalerie avec un détachement d'Infanterie qui bordoient la Marine, tous armés de pieds en cap, comme s'ils avoient eu une grande expédition à faire. Il étoit pour lors neuf heures & demi du soir ; à minuit la Cavalerie se retira au Village & l'Infanterie resta. Pendant le tems que nous restâmes dans notre embuscade, nous trouvâmes un moyen pour gagner notre bord;

pour y parvenir, il s'agiſſoit d'enlever une Chaloupe d'une des deux Saïques qui étoient moüillées fous un Château proche la Marine.

Ce projet étant formé, nous fongeâmes à le mettre en éxécution. Nous prîmes un long détour pour gagner le bord de la mer fans être découverts ; y étant arrivés, & la mer étant calme, nous paſſâmes de Rochers en Rochers pour arriver proche le Château, & vis-à-vis defdites Saïques. Lorfque nous fûmes arrivés où nous défirions, nous délibérâmes pour lors fur notre projet, & ce fut dans ce lieu qu'il fut réfolu d'achever ce que nous avions entrepris. Comme ces Saïques étoient éloignées de nous de plus de cent pas nous nous préparâmes à nâger quand il feroit néceſſaire. M. de la Condamine attacha fur fon Chapeau un Livre & plusieurs Papiers; j'attachai sur le mien mon Journal & mon Pistolet de poche; nous mîmes nos épées en Bandoüilleres pour ne point nous embarrasser, & nous quittâmes nos Souliers pour nâger avec plus de facilité. Je me mis le premier à la mer, pour sonder le fond, & trouvai qu'il n'y avoit pas cinquante pas à nâger, je vins en rendre compte à M. de la Condamine qui ne jugea pas à propos d'entrer dans l'eau tout habillé, il voulut quitter ses habits & les laisser sur le Rocher où nous étions, disant que nous viendrions les prendre quand nous aurions la Chaloupe; je lui représentai qu'étant nuds en chemises nous serions plûtôt découverts, & que le tems que nous employerions à venir prendre nos habits, pourroit nous être nuisible; qu'aucontraire étant tout habillés

lés nous gagnerions le large avec moins de risque; il persista dans ses sentimens & ne voulut point entendre mes propositions.

Je quittai mon habit avec peine; il étoit pour lors trois heures du matin quand nous nous mîmes à la mer. Etant arrivés proche les Saïques, nous nous emparâmes d'une Chaloupe dont M. de la Condamine coupa l'Amare de Prouë, & moi celle de Poupe. La Chaloupe étant à nous, je la tins d'un côté pendant qu'il monta dedans par l'autre. Comme il n'y avoit ni Rames ni Avirons, je la poussai droit au Rocher où étoient nos habits. Nous n'étions pas à dix pas de le Saïque, que le Sentinel qui étoit sur les Tours du Château nous apperçût, & cria en Grec *Poupaïs*, c'est-à-dire, *où allez vous?* Ne sçachant point lui répondre, il recommença encore une fois,

& voyant qu'on ne lui répondoit point, il cria aussi-tôt *allerte*; l'Equipage des Saïques s'éveilla, & ayant couru aux armes, ils nous saluerent à grands coups de Fusils, en nous prenant pour Corsaires, & à la faveur des coups nous embarquâmes nos habits : M. de la Condamine me dit de monter dans la Chaloupe & de nous mettre au large. Mais comment & par quel moyen conduire une Chaloupe sans Rames ni Avirons, ni sans même un bout de Planche pour la faire voguer? Comme M. de la Condamine avoit fait connoissance à terre avec le Caravachery ou Capitaine des Saïques, je crûs qu'il seroit plus prudent de remener la Chaloupe à son Bâtiment, que de rester exposé sans pouvoir s'éloigner du feu de deux Saïques & de celui du Château d'où l'on tira un coup de Canon à boulet; malgré M. de la Condamine je poussai la Chaloupe proche son Bâtiment, dans l'espérance que le Capitaine nous fourniroit les moyens de gagner notre bord. En arrivant on tira encore sur nous trois coups de Fusils, pour ainsi dire, à bout touchant, sans toutes fois nous blesser. En abordant ce Bâtiment nous fûmes reçûs à coups de bourades, & fort maltraités par les gens de l'Equipage; malheureusement le Capitaine étoit resté à terre cette nuit-là; & quelques propositions que M. de la Condamine ait faites à ces misérables, ils n'en voulurent écouter aucunes.

Pendant que toutes ces choses se passoient, les Turcs qui faisoient Garde sur le bord de la mer, se jetterent dans des Chaloupes, & vinrent le Sabre à la main aborder la Saïque sur laquelle nous étions, & nous ne fîmes pour lors aucune résistance. Ils nous saisirent en nous maltraitant avec des cordes dont ils nous lierent, & se jetterent sur nous au nombre de plus de trente pour faire cette belle expédition; ne voulant point nous laisser lier, ils nous accabloient de coups. Je croyois les Turcs plus robustes & plus forts, peut-être ceux-ci, quoique gros & grands, étoient du nombre des foibles; car à plusieurs reprises nous les avons renversés & étendus sur le Pont, il fallut enfin céder au grand nombre. Ils nous lierent les bras derriere le dos & nous firent descendre dans une Chaloupe pour nous mener à terre. Etant tout moüillés nuds en chemises & sans Souliers, nous obtinmes par grace de mettre nos habits, ce qui nous fût accordé.

Les Valets-de-Chambre qui nous habillerent s'y prirent d'une maniere assez singuliere ; ils d'étacherent d'abord un bras qu'ils passerent dans la manche de l'habit, & avant que de détacher l'autre, ils détachoient celui-ci, ensuite nous relierent comme la premiere fois. Cette cérémonie étant faite, ils en recommencerent une autre ; ils nous attacherent à côté l'un de l'autre, & un homme derriere nous nous conduisoit avec une corde qui étoit attachée à celles qui nous lioient ; en un mot, il sembloit que nous étions des Criminels que l'on conduisoit au Suplice. Nous avions environ soixante hommes d'escorte, sans compter une trentaine que nous rencontrâmes en chemin qui venoient pour donner main forte en cas de besoin.

Nous fûmes donc conduits à

la Ville dans ce bel équipage, nuds pieds, tout moüillés & dans un état pitoyable. Etant arrivés chez le Titaban, on ferma toutes les portes, & on nous délia. Nous fîmes faire du feu pour nous réchauffer en attendant le réveil de ce Magistrat, qui se leva à cinq heures du matin; il envoya chercher le Drogmant, & aussi-tôt qu'il fut venu, M. de la Condamine demanda au Titaban si c'étoit par son ordre qu'on nous avoit liés & garottés, en un mot, si c'étoit lui qui avoit ordonné qu'on nous maltraitât de la sorte: il répondit que non, & qu'il avoit seulement ordonné à ses gens de nous dire de lui aller parler, qu'il étoit fâché qu'on nous eût ainsi maltraités, & qu'il feroit punir ceux qui nous avoient tant fait de violences. M. de la Condamine lui dit de le faire en sa présence; il repliqua de rechef qu'il le feroit. Il nous demanda si nous n'avions rien perdu, & fit plusieurs autres questions. Après tous ces mauvais raisonnemens, M. de la Condamine lui demanda si c'étoit là toute la Justice qu'il prétendoit nous rendre; il répondit encore qu'il feroit punir les coupables & ne le voulut point faire en notre présence; il parla ensuite des cinquante Piastres dont il étoit question. M. de la Condamine lui dit qu'il ne les rendroit point. Il fit plusieurs menaces inutiles pour avoir l'argent; & lorsqu'il eut cessé de parler, M. de la Condamine lui dit qu'il alloit partir pour Constantinople, & que ne nous donnant aucune satisfaction au sujet des mauvais traitemens de ses gens, qu'il le feroit punir, puisqu'il ne sçavoit pas punir les autres, qu'il pouvoit le tenir pour assûré, parce qu'il étoit homme de parole. Le Titaban fit pour lors des excuses, & nous fit donner des Chevaux pour nous condui- à la Marine; à l'égard de l'argent, M. de la Condamine ne le rendit qu'à Smirne.

Nous arrivâmes à notre bord dans un si triste état, que le Capitaine resta tout interdit en nous voyant nuds pieds, tout moüillés & meurtris de coups: pendant le reste du jour nous fîmes sécher nos habits, ne pouvant en changer, d'autant plus que nous n'en avions point d'autres.

Départ de Baffa. Le même soir nous fîmes voile avec très-peu de vent, & nous nous éloignâmes avec plaisir de Baffa où nous fûmes si baffoüés.

Le dix-neuf nous eûmes un petit vent de Nord-Ouest qui nous étoit contraire. Ce même jour il mourut un Turc sur notre bord, qui étoit Pellerin de la Mecque; on le lava, & on l'ensevelit dans un linge neuf. Il y avoit un Aga qui fit les fonctions d'Aumônier. On mit le mort à bas-bord de la Barque, & l'Aga avec six autres firent la priere proche le Cadavre, en levant plusieurs fois les mains au Ciel; & les mettant ensuite sur leur barbe, ils disoient, *c'étoit un bon homme, il a toûjours bien vêcû, jettéz-le, Dieu lui fasse faire un bon voyage.* On prit le mort par les pieds & par la tête sans lui attacher rien de lourd aux pieds pour le faire couler à fond; on le jetta à la mer, & nous le vîmes encore plus d'un heure après flotter sur l'eau.

Le vingt, le vent varia & nous fut toujours contraire. Il mourut encore un autre Turc auquel on fit la même cérémonie qu'au premier.

Mort d'un Turc

Le vingt-un nous eûmes toute la journée un tems variable; la nuit le vent ayant fraîchi, on serra des voiles au cas d'Orage; à onze heures le vent ayant doublé, on amena les Perroquets & Huniers en même-tems, le reste de la nuit nous courûmes avec les basses voiles.

Tempête. Le vingt-deux, jour d'Equinoxe, le même vent de Nord-Ouest s'étant encore renforcé, nous fit essuyer des coups de mer effroyables, il sembloit que le Vent, le Tonnere, la Pluye, la Grêle, & les Eclaires s'étoient donnés rendez-vous entre l'Isle de Chypre & la Caramanie où nous étions pour lors dans un danger aussi évident qu'il en puisse être. Il arriva un malheur qui fit, pour ainsi dire, perdre toute espérance au plus fier de l'Equipage de revoir jamais la Terre. Ce fut notre Pompe qui cassa, & en moins de deux heures nous avions quatre pieds d'eau sur le Leste, sans pouvoir y remédier ; le Capitaine, quoiqu'homme expérimenté, & sçachant à fond son métier, étoit aussi embarrassé que le dernier Matelot. Les coups de mer si forts & si souvent redoublés, nous faisoient craindre que notre Barque ne s'ouvrît à la mer, ou de sombrer sous voiles. Comme dans toutes occasions il faut prendre son parti, le Capitaine fit virer de bord vent arriere pour faire échoüer son Bâtiment sur les Côtes de Caramanie & sauver l'Equipage. Pendant tout ce gros tems, les passagers Turcs, ainsi qu'une partie des Matelots, étoient si malades qu'ils ne pouvoient être d'aucun secours pour la manœuvre. M. de la Condamine, le Capitaine & moi, nous travaillions en bas, & trois ou quatre matelots manœuvroient en haut. A neuf heures du soir nous arrivâmes dans le fameux Golphe de Satalie, si renommé par la quantité de Bâtiments qui y ont péris. Etant prêt à mettre la Barque à terre, le vent changea tout à coup & nous devint favorable. L'Equipage reprit courage, on racommoda la Pompe, & nous sortîmes du Golphe vent arriere aussi promptement que nous y étions entrés. Nous fîmes joüer notre Pompe pendant plus de trois heures pour vuider l'eau que notre Barque avoit fait.

Etant fatigué de la mer & du travail, & après que nous eûmes doublés le Cap Calcedonia, je me couchai sur un coffre qui me servoit de lit dans la Chambre du Capitaine, où M. de la Condamine étoit couché dans une espece de boëte à Perruque, sans draps ni couvertures. Il eſt vrai que le Capitaine n'étoit pas mieux couché. Je dormois de bon cœur ſur mon tendre lit, lorſque je fus éveillé par un coup de mer ſi terrible, qu'il me fit ſauter du haut en bas de mon coffre qui enſuite roula ſur moi, ainſi que pluſieurs Balots, je crus que tout ſe détachoit de la Chambre pour m'accabler, juſqu'aux Livres, chandeliers ; en un mot, je n'étois exempt de rien. Je commençois à me débarraſſer de tant de fardeaux, lorſque M. de la Condamine qui étoit reſté ſur le Pont, entra dans la Chambre & me demanda comment je pouvois dormir ſi tranquillement lorſque nous venions de manquer à périr ; je fus très-charmé d'apprendre une ſi heureuſe nouvelle, & je me conſolai facilement des contuſions que je reçûs dans ma chûte. Je fus ſur le Pont où je trouvai les coups de mer plus violents que ceux que nous avions eû pendant tout le jour, la mer étant agitée par le vent de Nord-Ouest qui avoit régné au large pendant tout le jour & une partie de la nuit, & par le vent du Sud qui régnoit pour lors dans le Golphe d'où nous sortions, faisoit deux vagues contraires qui, s'opposant l'une à l'autre, s'élevoient fort hautes ; & étant poussées par force égale, se brisoient avec violence ; & à huit heures du matin nous restâmes en calme sans pouvoir gouverner.

Le vingt-trois, au coucher du Soleil, nous découvrîmes l'Isle de Rhodès où nous n'arrivâmes que le vingt-huit à quatre heures du soir. Aussi-tôt que nous eûmes pris Port, nous débarquâmes avec plaisir pour quitter sans regret un si mauvais Equipage, sur lequel nous avions tant risqués & soufferts d'incommodités.

Nous fûmes conduits chez M. de la Couture, Consul de France, qui nous reçut très-bien.

Le lendemain vingt-neuf, pour traverser l'Archipel & nous conduire à Smirne, M. de la Condamine nolisa un petit Bateau conduit par trois hommes, qui ne portoit qu'une petite Voile Latine. M. de la Couture nous prêta un matelât & une couverture pour nous coucher, & nous prîmes des provisions nécessaires pour ce trajet, qui consistoient en Pain, Vin & Volailles vivantes.

La Ville de Rhodès, Capitale de l'Isle de ce nom, est située au bord de la mer sur la pente d'une coline dans la partie Septentrionale de cet Isle. Elle est environnée de cotteaux pleins de sources d'eau vive, elle avoit

Description de Rhodès.

autrefois une double enceinte de murailles fortifiée de plusieurs grosses Tours ; le quartier où demeuroient les Chevaliers, étoit le plus fort ; car outre que la mer l'enfermoit au Septentrion & à l'Orient, il étoit défendu par des Bastions & par des Tours. Le Port est fermé par deux Moles, qui s'approchant l'un de l'autre ne laissoient d'espace entr'eux, que pour passer un Vaisseau. L'entrée est fortifiée de deux Tours bâties sur deux Rochers où fut mis autrefois le fameux Colosse d'Airain qui a passé pour une des sept merveilles du monde. Cette grande Statuë du Soleil étoit haute de soixante-dix coudées, & avoit été faite par Charés éleve de Lysippe, elle avoit un pied sur une de ces pointes du Rocher & l'autre pied sur la pointe de l'autre Rocher, de sorte qu'un Navire passoit

soit à voiles déployées entre les jambes du Colosse, lorsqu'elle fût abbatuë par un tremblement de Terre; Moavie, Sultan des Sarrazins, fit charger soixante-douze Chameaux de ses débris.

Nous partîmes à cinq heures du soir dans notre petit Bateau, le tems étant calme, nos trois Grecs ramerent jusqu'à dix heures du soir que nous nous arrêtâmes sous un Cap dans un petit enfoncement où nous mîmes pieds à terre, & nous y allumâmes du feu pour faire la Soupe. Après souper nos Mariniers dormirent jusqu'à trois heures après minuit que nous partîmes, & ramerent comme ils avoient fait la veille. Comme ces petits Bateaux vont à la voile & à la rame, nous ne perdions point de tems; quand il faisoit du vent on mettoit la voile, & quand nous étions en calme on ramoit.

Départ de Rhodes.

Tous les soirs nous abordions une Isle où nous faisions de la soupe avec les poules que nous avions embarqués. Le soir nous mangions ladite soupe & environ un quartier de la volaille, le reste nous servoit pour dîner le lendemain.

Le 3 Octobre nous moüillâmes proche l'Isle de Samos, où nous passâmes la nuit & une partie du jour, le lendemain nous parcourûmes une partie de cette Isle où nous trouvâmes un Arbre qui porte du fruit rouge d'un goût exquis, & un peu plus gros qu'un bigareau. A quatre heures du soir nous levâmes l'Ancre, & à sept heures nous passâmes la bougade ou détroit de Samos; nos Grecs y vouloient moüiler & y coucher, parce qu'ils ne sçavoient pas positivement où étoit Scala-Nova où nous voulions débarquer; le vent étant bon, nous les obligeâmes de continuer leur route ; comme la nuit étoit fort obscure, nous passâmes cette Ville d'une demie lieuë, & nous jettâmes l'Ancre dans ce lieu pour y attendre le jour.

Arrivée à Scala Nova.

Le lendemain nous arrivâmes à Scala-Nova à neuf heures du matin, nous débarquâmes notre Porte-Manteau qui faisoit tout notre équipage, & nous prîmes des Chevaux pour aller à Smirne d'où nous ne croyons être éloignés que de huit lieuës, suivant la Carte de M. Berthelot. Nous rencontrâmes dans la Ville un Vénitien qui nous assura que les Vaisseaux du Roy étoient encore à Smirne.

Scala-Nova est bâtie proche Ephese que nous aurions été voir, ou du moins les ruines, si nous n'avions été pressés d'arriver à Smirne pour y rejoindre cette Escadre.

Ce même jour cinq Octobre, nous partîmes de cette Ville à midi avec un Turc pour nous conduire, dans le dessein d'aller coucher à Smirne. Après avoir marché pendant huit heures sans mettre pieds à terre à travers bois & taillis qui sont sur la droite de Dourlac, & dont une partie de la Natolie est remplie, nous croyons être proche Smirne, lorsque nous arrivâmes à une portée de Fusil d'un Village proche lequel une Caravane s'étoit arrêtée pour y coucher ; dans ce même lieu notre Guide mit pied à terre pour souper lui & ses chevaux. M. de la Condamine voulut le faire marcher, comptant arriver dans peu de tems ; ce Turc qui ne sçavoit autre langue que celle de son Pays, ne pouvoit se faire entendre. Il se trouva un Grec de la Caravane qui parloit Italien, qui nous assûra que nous n'avions fait que la moitié du chemin, & que quand même nous continuerions notre route, nous n'arriverions à Smirne qu'à quatre heures du matin. M. de la Condamine se rendit aux justes raisons que cet homme allegua ; nous mîmes pieds à terre, & comme nous n'avions pas encore diné & qu'il étoit l'heure de souper, je fus au Village où je ne trouvai que des œufs & du pain : nous soupâmes dans le Bois proche un feu que les Caravaneurs avoient fait, où nous fîmes cuire nos œufs dans la cendre ; après souper nous dormîmes chacun à notre tour environ une heure. A onze heures nous fîmes partir notre Guide, & nous arrivâmes à Smirne à six heures du matin ; les Vaisseaux s'étoient déja tirés au large & étoient à pics depuis trois jours, & n'attendoient que le vent pour partir.

À notre arrivée chez M. de Pelleran, Conful de France, nous prîmes une Chaloupe pour nous conduire à bord des Vaiſſeaux. Le Pilote de quart voyant arriver notre Canot, nous reconnut avec ſa Lunette d'approche, & courut ſur le champ avertir Meſſieurs les Officiers de notre arrivée ; les uns parurent ſur le Pont en Robe-de-Chambre, d'autres, pour ainſi dire, en chemiſes couroient pour nous voir arriver ; en un mot, je ne puis exprimer la joye que tout l'Equipage témoigna à notre arrivée, il ſembloit qu'il falloit tuer le Veau gras pour ſe réjoüir de notre préſence. Tout le monde avoit crû par notre longue abſence que nous avions été aſſaſſinés dans notre Voyage de Terre Sainte, ou péris dans notre traverſée.

Nous fîmes à bord des présens de Pellerins, qui consistoient en Croix & Chapelets de Jérusalem. Nous dînâmes à bord, & à quatre heures le vent étant devenu bon, le Commandant fit signal d'appareiller & tira le coup de partance. Nous ne sortîmes du Vaisseau que lors qu'il fut prêt à forcer de voiles ; on avoit eû la précaution de débarquer notre Equipage que l'on mit chez M. Saint-Amant, Marchand François, établi dans cette Ville.

Nous revînmes à terre fort contents d'être arrivez si à propos, malgré le mauvais tems & tous les évenemens qui nous avoient retardés.

Si les Vaisseaux eussent mis à la voile pour la France avant notre arrivée, & qu'ils eussent emportés nôtre Equipage, il est certain que nous aurions été assez embarrassés pendant quelques jours; car je ne crois pas qu'il fut jamais d'hommes si mal équipés que nous étions à notre arrivée à Smirne. Nos habits étoient tout déchirés à force de coucher sur la dure, nos cheveux éparts & fort mal arrangés, nos chapeaux tous couverts de poussiere, nos guêtres toutes déchirées &, pour ainsi dire, nous étions nuds pieds. Pour mieux assortir mon habillement j'avois mon épée nuë à mon côté en ayant perdu le foureau dans les bois de la Natolie pendant la nuit ; l'on peut juger si dans cet équipage nous n'aurions été obligés de garder la Chambre plusieurs jours.

Les Vaisseaux étant partis pour la France, M. de la Condamine ne chercha que l'occasion de passer à Constantinople, & il ne s'en présenta point d'autre que celle du Capitaine Artault qui devoit partir dans huit jours avec

avec le Consul, & deux Députés de la Nation, pour aller traiter des affaires du Commerce avec M. de Villeneuve, Ambassadeur de France à la Porte, nous attendîmes jusqu'à ce jour pour partir.

Pendant notre séjour à Smirne, nous fûmes voir un Château que l'on nomme les Bains de Dianne ; il est situé sur une montagne fort escarpée, & est totalement abandonné, il n'y reste plus que quelques Tours, peu de Fortifications, & une grande enceinte de murailles, au milieu de laquelle est une Mosquée que l'on dit avoir servi d'Eglise aux Genois. Il y a plusieurs Cyternes voûtées qui sont à sec. Elles sont longues & forment plusieurs Galleries soûtenuës de gros pilliers quarrés de cinq à six pieds d'épaisseur. A côté de la Porte est une tête de Marbre blanc, qu'on dit être le Portrait de l'A-

Bains de Dianne.

mazone Smirne qui a donné son nom à la Ville. Du haut de cette montagne on découvre & la Ville & la Rade, & même une partie du Golphe. Il n'y a point de Port à Smirne, mais la Rade est aussi fermée & aussi sûre qu'un Port.

Description de Smirne. Smirne Ville de Natolie, située au fond d'un Golphe auquel elle donne son nom, est bâtie en Amphitéatre sur la pente d'une Coline qui regarde l'Occident, elle est encore fort grande quoiquelle ait été ruinée en partie, ce que l'on voit aisément par les restes des Edifices anciens qui s'y voyent. Elle est fort peuplée, & contient environ cinquante mille Turcs, douze mille Grecs, sept mille Arméniens, six ou sept mille Juifs. A l'égard des Marchands Chrétiens d'Europe qui y font tout le commerce, le nombre n'en est pas grand.

Chacune de ces Nations y a l'éxercice de sa Religion libre; les Turcs ont à Smirne quinze Mosquées, les Juifs six Synagogues, les Latins y ont trois Eglises, les Grecs deux, & les Arméniens une. Les Capucins François y ont un fort beau Couvent qui leur sert de Paroisse, où ils font les fonctions Curiales; il y a aussi des Jésuites François, & des Observantins ou Cordeliers Italiens, les Turcs, les Grecs, les Juifs & Arméniens demeurent sur la Coline, & tout le bas qui est du long de la mer, est habité par les Francs ou Chrétiens d'Europe, qui sont François, Italiens, Anglois, Hollandois; chaque Nation a son Consul; il s'y fait un grand commerce en Soye, Cotton, Huile, & Bled; les Consuls ainsi que plusieurs Marchands ont des Galleries derriere leurs Maisons, qui s'avancent dans la mer; en tems de peste ils se renferment chez eux, & traitent de leurs affaires avec les Capitaines des Vaisseaux Marchands qui viennent dans leurs Canots sous les Galleries, sans autre communication.

La liberté est si grande dans cette Ville, que plusieurs Marchands ont des Maisons de Campagne, & vont à la Chasse quand bon leur semble, sans courir aucun risque.

Départ de Smirne. Notre départ étant fixé au 16 dudit mois, ce même jour après souper, nous nous embarquâmes sur le Vaisseau le Grand Alexandre, commandé par le Capitaine Artault. Toute la Nation se rendit à bord pour accompagner M. le Consul & prendre congé de lui; aussi tôt que nous fûmes embarqués on appareilla, à minuit nous étions sous voiles.

Le 17. au point du jour nous doublâmes les Isles Dourlac. Le vingt ayant doublé le Cap Babba, le Vent de Nord s'éleva avec tant de violence, que nous fûmes obligés d'y relâcher.

On jetta l'Ancre à dix heures du matin, l'après-midi nous fûmes à terre. Il y a un petit Village portant le nom de ce Cap, & un Château pour la garde des Bâtimens qui y moüillent. On y pourroit faire un bon Port qui paroît être commencé depuis long-tems ; mais la paresse & la négligence des Turcs, fait croire qu'il ne sera pas fini si-tôt.

Le lendemain 21. le Vent ayant cessé, nous mîmes à la voile ; le vingt-trois nous doublâmes l'Isle de Tenedos, & étant par son travers nous vîmes la Côte & même le lieu où l'on cite l'ancienne Troye ; il y a un petit enfoncement que l'on dit avoir été autrefois le Port de cette célebre Ville. A dix heures du matin nous doublâmes le Cap des Janiffaires qui fait la pointe de la Côte de la Troyade. Etant prêts d'entrer dans le détroit des Dardanelles, le Vent changea & devint Nord, ce qui nous obligea de moüiller à l'entrée de ce Canal.

Le vingt-quatre & le vingt-cinq le Vent continua toujours Nord; ce même jour nous fûmes chaffer fur le Bofphore de Trace où nous tuâmes beaucoup de Gibier.

Le vingt fix, voyant que le Vent ne changeoit point, M. de la Condamine prit le parti de quitter le Vaiffeau, & d'aller plûtôt par terre à Conftantinople, que de refter à l'embouchure de ce détroit à la difcretion du Vent de Nord, qui fouvent regne dans ces Parages pendant un mois, & quelques fois plus.

Ce même jour nous quittâmes le Vaisseau à onze heures du matin, nous prîmes une Saïque pour nous conduire aux Châteaux des Dardanelles où nous avons un Vice-Consul.

Il y a deux Châteaux qui défendent l'entrée de ce Canal, dont l'un est en Asie & l'autre en Europe. Il y a des Batteries de Canons établies sur des Plattes formes pour tirer à fleur d'eau sur les Vaisseaux qui entreroient ou sortiroient malgré les Gouverneurs des Châteaux. Ces Canons sont d'une grosseur prodigieuse & portent cinq cens livres de Balles, les Boulets qui sont de marbre, ont deux pieds $\frac{1}{3}$ de diamettre ; au Château d'Europe il y a vingt-cinq embrazures ; au Château d'Asie, quatorze de face à la mer, &

Châteaux des Dardannelles.

huit sur le flanc du côté du détroit. Les Batteries, de face à la mer, me paroissent d'une foible défense, quoiqu'elles soient de gros Canons, qui n'étant assurés que sur des pierres, ne sont, pour ainsi dire, en état que de tirer un coup, d'autant plus que l'on employeroit plus de tems à les remettre, qu'il n'en faudroit à dix Vaisseaux pour passer.

Le vingt-sept M. de Valnet, Vice-Consul, nous fit donner un petit Bateau pour nous conduire à Gallipoly, distant des Dardanelles de dix lieuës.

A deux heures après midi nous partîmes des Dardanelles, & passâmes proche Sestos & Abbidos, que M. Spon cite sur le bord de ce détroit à deux lieuës des Châteaux; à cinq heures les Turcs qui nous conduisoient, s'arrêterent du côté d'Europe proche Zemenie, qui étoit située sur la croupe d'une montagne où l'on voit encore des pends de murs fort exaucés. On prétend que c'est la premiere Place que les Turcs conquirent en Europe en 1356. Nos Rameurs étant rafraîchis, nous continuâmes notre route, bordoyant toujours la Côte, pour ne pas être entraînés par les courans; à huit heures du soir nous passâmes proche une Felouque qui étoit à l'Ancre; aussi-tôt que nous fûmes passés, elle partit & sembloit nous donner la chasse; nos Mariniers s'efforçoient de ramer pour éviter d'être joints par cette Felouque, qui de son côté faisoit son possible pour nous joindre. A neuf heures nous trouvâmes un Banc de Sable qui nous arrêta quelques-tems, ce qui fit que la Felouque nous devança; ceux qui étoient dedans se mocquerent en passant de la mal adresse de nos Rameurs; les mocqueurs ne furent pas long-tems sans être mocqués; ils ne nous avoient pas devancés de cinq cens pas, qu'ils rencontrerent à leur tour un Banc de Sable qui les arrêta plus long-tems que nous; en passant auprès d'eux, nos gens leur rendirent la pareille. Cette espece de chasse n'étoit uniquement que pour arriver les premiers au Port, pour avoir la meilleure place, & la plus commode

A dix heures du soir nous arrivâmes à Gallipoly, nous fûmes conduits chez un Juif qui a des correspondances avec M. de Valnet, & nous couchâmes chez lui. Le lendemain le vent étant contraire, nous renvoyâmes notre Bateau. M. de la Condamine ne voulant plus être le jouët des flots, prit des Chevaux pour aller à Rodosto, distant de Gallipoly, de vingt-quatre lieuës

Nous partîmes de Gallipoly, *Départ de* le vingt-huit à neuf heures du *Gallipoly.* matin. Après avoir traversé un Pays assez bien cultivé, nous passâmes dans un Bois où les chemins étoient très-mauvais, & paroissoient n'être pas beaucoup pratiqués ; à sept heures du soir nous arrivâmes dans un Village nommé Vehtora, où nous couchâmes.

Notre Guide nous mena chez un Turc de ses amis qui paroissoit un parfait honnête homme. Il nous donna à souper du mieux qu'il lui fut possible ; quoique leur Loi défende le Vin, celui-ci en avoit chez lui qui, à la vérité étoit fort mauvais ; il nous donna pour Matelats & Lits, les Nattes sur lesquelles nous étions assis.

Le vingt-neuf, à deux heures du matin, nous prîmes congé de notre Hôte, & arrivâmes à un

Village nommé Hertiou, où notre Guide s'arrêta pour prendre du Sorbet en attendant le jour, à midi nous arrivâmes à Enegique dans un Caravanserail où nous dinâmes, le même jour nous arrivâmes à Rodosto à six heures du soir, nous descendîmes au Palais du Prince Ragodtki où nous fûmes très-bien reçus.

Comme il part tous les jours des Saïques Grecques qui portent du Bled à Costantinople, nous nous embarquâmes le même soir, après souper, sur un de ces Bâtimens, les Gentils-hommes du Prince nous accompagnerent jusqu'à notre-bord, & nous recommanderent au Patron de la Barque.

Le trente, nous ne fimes que louvoyer sans faire beaucoup de chemin, il sembloit que le Vent contraire ne soufloit que pour nous. Le trente-un le Vent ayant fraîchi, & faisant beaucoup de Mer, nous fûmes obligés de moüiller vis-à-vis Sanstephano, & à midi on jetta l'Ancre. A onze heures du soir le Vent & la Mer s'étant calmés, nous mîmes à la voile & arrivâmes à Constantinople le premier Novembre, jour de la Toussaint.

Aussi-tôt que nous eûmes pris terre nous nous fîmes conduire au Palais de France, chez M. le Marquis de Villeneuve, Ambassadeur pour le Roy à la Porte. En passant par Galata, nous vîmes le dégât que le feu y avoit causé quatre mois avant notre arrivée. L'Incendie fut si grande qu'il y eut près de dix mille Maisons de réduites en cendres. Je ne suis pas surpris que le feu y fasse tant de fracas, les Maisons n'étant bâties que de Bois peint par dedans & par dehors, les Ruës fort étroites,

De notre arrivée à Constantinople.

& les Maisons très-proches l'une de l'autre ; de sorte que dans un moment, pour le peu qu'il y ait de vent, il se consomme une infinité de Maisons, & même un nombre plus grand que celui que j'ai cité.

Etant arrivés au Palais de France ; M. de la Condamine se fit conduire chez M. Icard, Secretaire de Son Excellence, qu'il avoit connu à Paris, & duquel il fut très-bien reçu ; il fut dans le moment présenté à M. l'Ambassadeur à qui il remit des Lettres dont il s'étoit chargé en France ; on lui fit donner un Appartement au Palais, où nous restâmes pendant notre séjour à Constantinople.

Entrée du Prince Serbatoff.

Le cinq, le Prince Serbatoff, Ambassadeur extraordinaire de Moscovie, fit son entrée publique dans cette Capitale. Tous les Ministres envoyerent à la suite de cette Excellence leurs Écuyers, avec des Chevaux de main richemeut harnachés.

Cinquante Janiſſaires commençoient la marche, enſuite vingt-cinq Chaoux en habits & Bonets de cérémonie; après ceux-ci marchoit l'Ecuyer de l'Ambaſſadeur de France avec quatre Chevaux de main, enſuite les Ecuyers des Ambaſſadeurs de Veniſe, d'Angleterre, & d'Hollande, & ceux du Réſident d'Allemagne & de Moſcovie, quatre Valets-de-Chambre du Prince en habits uniformes, précédoient ceux-ci, & deux Pages portant ſa Livrée; après marchoient les Valets de Pieds de l'Ambaſſadeur; huit Grecs habillés à la longue, marchoient des deux côtés du Cheval de l'Ambaſſadeur, enſuite ſon Secretaire & quelques Gentils-hommes; pluſieurs Chariots couverts qui pouvoient avoir servi au transport de son Equipage, fermoient la marche.

Huit jours après, ce même Ambassadeur eut Audience du Grand-Seigneur, il pria Messieurs les Francs de l'accompagner dans cette cérémonie pour grossir son Cortege; nous eûmes l'honneur de nous y rendre, ainsi que nombre de Négocians & autres.

Audience du Grand Seigneur. Nous partîmes de Galata à quatre heures du matin, avec le Prince, le Résident & toute sa suite, nous nous embarquâmes pour traverser le Port, dans des Saïques qui étoient destinées pour ce sujet; étant arrivés à la Marine où étoient les Chevaux que le Sultan avoit envoyé pour l'Ambassadeur & sa suite, nous attendîmes le Chaoux Bachy qui fait les fonctions d'Introducteur, qui n'arriva qu'à sept heures; à son arrivée nous montâmes à Cheval

Cheval, & on commença la marche, ainsi qu'il suit.

Le Chaoux Bachy prit la droite de l'Ambaffadeur qui étoit monté fur un Cheval blanc, richement harnaché; la Houffe qui pendoit jufqu'à terre, étoit de Velours cramoifi brodé en or; la Bride & les Rennes étoient dorées & ornées de quantité d'Emeraudes; toutes les Houffes des autres Chevaux étoient brodées en or ou argent.

Les Janiffaires marchoient les premiers, enfuite la maifon du Prince & celle du Réfident de Mofcovie. Le Prince ayant à fa gauche le Réfident, & à droite le Chaoux Bachy, précédoient ceux-ci; après marchoient tous les Gentils-hommes de fa fuite & tous les Francs qui voulurent aller à cette Audience.

Nour arrivâmes à fept heures & démie devant la porte du

Grand-Vifir, où nous attendîmes jusqu'à ce qu'il fût parti pour se rendre au Serail & y recevoir l'Ambaffadeur.

A huit heures nous continuâmes notre marche, & arrivâmes au Serail à neuf heures. Après avoir traversé la premiere Cour, nous mîmes pieds à terre à la Porte de la seconde, où les Palfreniers du Grand-Seigneur prirent nos Chevaux. On nous fit attendre environ un quart d'heure proche cette Porte, ensuite on nous fit entrer. Les Janiffaires de la garde du Sultan, étoient rangés en haye dans ladite Cour, où l'on avoit mis leur Peleau par terre dans des Ecuelles de Bois, éloignées des rangs d'environ cent pas. Lorsque nous fûmes entrés dans la Cour, & vis-à-vis de la Troupe, ils commencerent à courir à la Soupe de toutes leurs forces, & se culbutoient l'un sur l'autre pour la ramasser; on peut bien s'imaginer que la plûpart des Ecuelles furent renversées, & que plusieurs Soldats eurent le visage barboüillé, sans toute-fois avoir rien mangé. L'on dit que quand ils ne courent point au Peleau, & qu'ils viennent à pas lents renverser les Ecuelles, que c'est une marque de mécontentement, d'où il s'en suit souvent une révolte ; & qu'aucontraire quand ils y courent, comme je viens de le dire, c'est qu'ils sont contens du Sultan & du Visir. Ce même jour étoit jour de Paye qui se fait toutes les deux Lunes.

Son Excellence fut conduite à la Salle du Divan, où étoit le Grand-Visir qui jugea plusieurs Procès & fit la paye aux Janissaires avant que de donner Audience à l'Ambassadeur.

Il décide une cause sur la

Jugemens du Visir.

lecture de deux Requêtes qui lui sont présentées par les Parties, & prononce le jugement, sans qu'il soit question d'autres opinions que la sienne.

Paye des Janissaires.
Après que sept ou huit Procès furent jugés en moins d'une heure, on fit apporter dans la même Salle du Divan, quatre ou cinq cent Bourses ou Sacs de Cuir, contenant chacun 1500. livres de notre Monoye. Le tout étant apporté, deux Chaoux les arrangerent par terre, au nombre de vingt-cinq à la fois, devant la Porte de la Salle du Divan, pour le payement de chaque Compagnie.

Lesdits Sacs ainsi arrangés, l'un de çà, l'autre de là, un détachement de Janissaires d'environ cinquante hommes, étant éloignés des Bourses d'environ cent pas, attendoient le commandement pour partir. Un Soulac, étant dans la Salle du Divan, fit un cri, sur le champ le détachement partit avec une vîtesse extrême pour ramasser son payement, ainsi continuerent toutes les Compagnies jusqu'au définitif du payement.

La Paye étant finie, on apporta des Tables dans la même Salle, où l'on servit à dîner à l'Ambassadeur & à sa suite; le Grand-Seigneur étoit à une jalousie où il voyoit tout le monde, sans être vû.

Après que l'on eut dîné, on fit sortir l'Ambassadeur & sa suite; & proche la Porte de la troisiéme Cour, on distribua les Caffetans ou Robes longues à Son Excellence, aux Gentils-hommes de sa suite & aux Officiers de sa Maison.

Après cette cérémonie, le Grand-Visir passa dans la troisiéme Cour, entre les Chaoux qui bordoient la haye. Quand il fut entré, on vint avertir l'Ambassadeur pour être introduit à l'Audience du Sultan. Deux Eunuques blancs prirent Son Excellence par dessous les bras comme pour le soutenir, ainsi que six Gentils-hommes de sa suite, dont M. de la Condamine étoit du nombre. L'Audience finie, on les ramena de même qu'ils étoient entrés.

Nous revînmes prendre nos Chevaux dans la premiere Cour; & étant prêts à partir, on vint dire à Son Excellence d'attendre un moment, qu'il verroit défiler les Janissaires.

Cette Troupe, que l'on dit être les meilleurs Soldats de sa Hautesse, défila devant nous. On n'en jugera pas de même à leur mine ni à leur taille ; car je ne connois aucun Régiment en France qui ne vaille mieux que toute la Garde du Grand-Seigneur, du moins ils sont mieux égalisés & ressemblent à des hommes de Guerre, au lieu que ceux-ci ressemblent plûtôt à des Masques qu'à des Soldats.

Ils sont nuës jambes, portant des Babouches au lieu de Souliers, & n'avoient pour lors d'autres armes, qu'une petite baguette à la main, & un Couteau de ceinture, le reste de l'habillement consiste, en Calçons ou Culottes de toilles d'une si prodigieuse grandeur, qu'ils sont obligés de la tenir d'une main lorsqu'ils courent, & leurs habits sont des Casaquins de Draps de différentes couleurs. Leurs Bonets d'Ordonnances, sont des Calotes rouges & vertes, avec un Bourlet d'Etoffe blanche à lentour, large d'environ quatre pouces, & devant est une Plaque de Cuivre jaune, faite en façon

Habillemens des Janissaires.

de Bois de Rapes, derriere laquelle ils mettent leurs Cuillieres qui sont de Buits; cette Plaque est longue de sept à huit pouces large de deux, & leur descend jusqu'au milieu du nez; derriere leurs Bonnets est attaché un morceau de Drap blanc qui leur pend derriere le dos, de la longueur d'un pied & demi.

Plusieurs Compagnies étoient rangées en haye sur deux lignes entre lesquelles les autres défiloient, sans y observer aucun ordre, portant les Sacs d'argent qu'ils avoient ramassés devant la Salle du Divan. Lorsqu'ils y étoient, ils couroient de toutes leurs forces, tenant de la main gauche l'entre-jambe de leurs Culottes, pour nous faire voir apparemment qu'ils étoient legers à la course.

Après que toute la Troupe eut

eut défilé le Janissaire Aga passa, saluant par des inclinations de tête les Soldats qui bordoient la haye. Ensuite le Kiaya & après le Grand-Visir qui saluerent de même que le Janissaire Aga.

Le tout étant fini, nous nous mîmes en marche, avec le même ordre que nous étions venus. A la Marine nous quittâmes nos Chevaux pour traverser le Port avec les Saïques qui nous avoient servi le matin. Ce même jour le Prince donna un magnifique repas à Messieurs les Résidens d'Allemagne, & de Moscovie, ainsi qu'aux Officiers qui assisterent à son Audience.

Les violences que l'on nous avoit fait à Baffa étoient trop fortes pour les oublier, M. de la Condamine en porta plainte à M. le Marquis de Villeneuve, qui moyennant un Mémoire

Plaintes portées à l'Ambassadeur de France contre le Titak an Baffa.

instructif de l'affaire, dressa sur le champ une Requête qu'il envoya à la Porte à ce sujet, & obtint le Commandement suivant.

COMMANDEMENT

adressé au Commandant de l'Isle de Chypre, contre le Titaban de Baffa.

A l'arrivée de ce Noble Seigneur, le Chevalier de la Condamine, vous sçaurés que l'Ambassadeur de l'Empereur de France, le plus glorieux d'entre tous ceux qui professent la Religion du Messie, le Marquis de Villeneuve, de qui la fin soit comblée de bonheur, a envoyé une Requête à notre sublime Porte, par laquelle il nous fait sçavoir, qu'il y a trois mois que le Chevalier de la Condamine, Gentil-homme François, s'embarqua sur une Barque Françoise à l'Isle de Chypre qui mit sous Voiles pour faire route vers Smirne, mais que le Vent contraire obligea le Capitaine de relâcher à la même Isle & de moüiller dans la Rade de Baffa. Un Grec Tributaire qui se trouva passager sur ce même Bâtiment, tomba malade dans ce même tems, & ses incommodités ne lui permettant pas de continuer son Voyage, il se débarqua dans le dessein de rester dans cet Isle, & pria ledit Chevalier de la Condamine de vouloir se charger de la somme de cinquante Piastres, pour les remettre après son arrivée audit Smirne à une pesonne à qui il les devoit : le Francois les reçut volontiers, & donna au Grec une reconnoissance signée de sa main. Le Titaban de cet endroit informé de cela, dépêcha de ses gens pour faire arrêter ce Gentil-homme; mais lui, informé de son dessein, s'embarqua dans la Chaloupe d'une Saïque pour se rendre à son bord, lorsque ces gens armés de Sabre & de Fusils, le firent retourner lié & garoté, & le menerent en présence du Tirabaṅ, après lui avoir fait souffrir toutes sortes d'ignominies, cet Aga lui commanda de lui remettre sans délai l'argent déposé entre ses mains, & le menaça de lui faire perdre la vie si cela n'étoit éxécuté au plûtôt. Et le susdit Seigneur Ambassadeur nous ayant fait sçavoir que le Gentil-homme François, après avoir essuyé de la part du Titaban toutes sortes de vexations, auroit eû bien des peines de se délivrer des mains de cet Aga, nous auroit demandé un Commandement que lui avons accordé. Et J'ordonne à vous qui êtes mon Muhessil de l'Isle de

Chypre de faire prendre ce Titaban qui a eû la hardieſſe de commettre contre la Juſtice & les Capitulations Imperialles, une pareille inſolence, de le faire mettre en Priſon; & après lui avoir fait ſouffrir des peines proportionnées à ſon crime, de le dégrader de ſon Office de Titaban & le regarder à jamais comme incapable d'en pouvoir exercer une autre, afin que cela puiſſe ſervir d'exemple à d'autres, & que cette ſévérité lui tienne lieu de Conſeil ſalutaire; c'eſt pour cette raiſon que nous avons fait émaner ce préſent Commandement, il vous eſt enjoint de l'éxécuter, & de n'y pas contrevenir, & de ne pas ſouffrir que d'autres y contreviennent. Sçache le ainſi, & ajouté foi à cette Noble Signature. Fait au milieu de la Lune de Chaban l'an de l'Egire 1144.

Si cet Arrêt est éxécuté, je crois que ceux qui exerceront cette charge recevront mieux les François que nous n'avons été reçûs.

Les raisons qui ont porté M. de la Condamine à avoir réparation des insultes que l'on nous avoit fait à Baffa, sont celles-ci. Que s'il s'étoit relâché à ce sujet, tous les François qui auroient relâchés, non-seulement dans cet Isle, mais encore dans toutes les Echelles du Levant, se seroient peut-être trouvés exposés à de pareilles vexations & peut-être à quelque chose de pire ; au lieu que ceci sert d'exemple, & il est censé qu'un pareil Arrêt est sçû non-seulement en Chypre, mais encore dans toutes les Echelles, & dans tous les endroits où nous avons commerce.

Le premier Decembre nous fûmes à l'embouchure de la Mer

Noire qui décharge ses Eaux dans la Propontide, & qui viennent battre les murs du Serail. Son Excellence M. le Marquis de Villeneuve prêta son Canot. Nous nous embarquâmes à Tophana; & après avoir remonté trois lieuës du détroit du Pont Euxin, nous débarquâmes à Bojoucdere où Monsieur l'Ambassadeur de Venise a une maison de Campagne; une partie des Mrs. qui étoient avec nous y resterent. Il n'y eut que M. de Silvie, Député de la Nation de Smirne, qui vint à l'embouchure de la Mer Noire.

Nous prîmes un petit bateau à Bojoucdere avec trois rameurs. Comme il faisoit presque calme nous arrivâmes en trois heures proche la Colonne dite de Pompée qui est hors du détroit & vis-à-vis des Fanaux d'Europe & d'Asie.

Cette Colonne est sur un Ecueil

fort haut à environ trois cens pas dans la mer proche le Fanal d'Europe, on y monte avec beaucoup de peine, & de danger, on se sert autant des mains que des pieds pour arriver sur ce Rocher; si par malheur l'on se dérangeoit d'un petit chemin qui n'est large que d'environ dix-huit pouces, & qui tourne autour de l'Ecueil jusques sur sa Platteforme, l'on se précipiteroit de plus de quatrevingt pieds de haut; on ne trouve sur ce Rocher de ladite colonne, que le pied Destal où il y a une inscription fort mutilée; tout ce que l'on en peut déchiffrer ne parle point de Pompée, mais d'Auguste. Aucun Auteur ne dit que Pompée soit venu dans ce Pays après la défaite de Mitridate; & quoiqu'il en soit, on la nomme Colonne de Pompée. Elle a été rompuë par les flots de la Mer Noire qui souvent est fort orageuse.

Colonne de Pompée.

surtout par le vent de Nord ; il est certain que les vagues venant se briser contre ce Rocher, ont pû facilement rompre cette colonne qui est cassée en cinq morçeaux & tombée entre l'Ecueil sur lequel elle étoit & celui qui est du côté d'Europe ; le Chapiteau en est Corinthien, quelques-uns prétendent qu'elle avoit été mise sur ce Rocher pour servir de Fanal ; & il semble que le fût & le pied d'estal n'avoient pas été faits l'un pour l'autre.

Après avoir vû ces fragmens de Colonnes, nous descendîmes du Rocher avec autant de difficulté que nous y avions monté ; nous partîmes avec notre même bateau ; & étant favorisés du vent & des Courans, nous arrivâmes à Bojoucdere en moins d'une heure.

Il y a des deux côtés de ce détroit deux Châteaux de même

qu'aux Dardanelles, qui défendent l'entrée de Constantinople du côté de la Mer Noire. Tout le long de ce Canal, tant en Europe, qu'en Asie, paroît être un Pays enchanté; ce n'est que verdures, Villages, Serails, Maisons de Plaisances & Jardins. Si l'art étoit joint à la nature, ce seroit le plus charmant Pays du monde.

En arrivant à Bojoucdere, l'on nous dit que les Mrs. qui étoient venus avec nous étoient partis & avoient passés en Asie où nous les fûmes joindre. Après nous être promenés environ une heure dans une Prairie sur le bord de la mer, nous partîmes tous pour nous rendre à Constantinople où nous arrivâmes à sept heures du soir.

Le Mercredi & Vendredi suivant, nous fûmes au Couvent des d'Erviches qui sont des Religieux Turcs, & qui officient ces deux jours de la semaine, leur

Des d'Erviches.

Mosquée & leur Couvent sont à Pera.

La Mosquée est ronde, & tout autour en dedans est une Gallerie relevée d'un pied du pavé & large de huit, fermée d'une Balustrade de deux pieds de haut où se mettent les assistans. Au fond du Chœur, & tout vis-à-vis la Porte, est la Chaire du Mufti ou Superieur du Couvent, qui avant que d'officier, fait son Sermon avec beaucoup d'éloquence. Selon les Drogmens, & ceux qui entendent la langue, ces Religieux prêchent avec pieté, & fermeté dans leur religion.

Le Sermon fini, & le Mufti descendu de Chaire, vient s'asseoir au dehors de la Balustrade, où tous les Religieux arrivent de la maniere du monde la plus modeste. En entrant dans la Mosquée ils ôtent leurs Babouches, & ayant fait cinq ou six pas, pieds nuds, ils posent le pied droit sur le gauche; après s'être inclinés fort bas, chacun va prendre sa place. Le Mufti assis par terre sur un Carreau d'Etoffe brodée ou autre, entonne quelques Hymnes, ou récite des passages de l'Alcoran ; ce qu'étant fait tous les Religieux se levent, ainsi que le Superieur; & ayant fait ensemble trois tours dans la Nef de la Mosquée, le Mufti reprend sa place. Pour lors les Religieux quittent leurs Manteaux, & restent en Calçons & Jupes très-amples, viennent tous l'un après l'autre défiler devant leur Superieur, & en passant lui baisent la main, ensuite se mettent à tourner; pour lors, l'air s'introduit sous leurs Jupes & leur fait prendre la figure d'un des plus grands Panniers dont se servent les Dames en France; lesdits Religieux forment un cercle en tournant comme une danse en rond, sans toutefois se tenir les mains, chacun tourne en son particulier sans se confondre les uns avec les autres. Tels ont les deux bras tendus en tournant, d'autres n'en ont qu'un & de l'autre main tiennent le devant de leur Calçons quelques fois ils se trouvent tous les bras tendus sans se toucher. Il faut observer qu'en tournant de la sorte ils ne restent pas toujours dans la même place, & font plusieurs fois le tour du cercle qu'ils occupent.

Ils tournent au son d'une musique composée de quatre fort mauvaises Fluttes, deux especes de timballes & de deux voix, qui sont sur une Tribune au-dessus de l'entrée de la Porte à main gauche élevée d'environ 15 pieds. Ces bons Moines tournent jusqu'à perte d'haleine, & s'arrêtent tout d'un coup avec autant de fermeté que s'ils n'avoient pas tournés. Après s'être reposés cinq ou six minutes, ils repassent devant le Mufti, lui baisent la main, & recommencent à tourner; ils font trois fois la même cérémonie.

Après avoir fini de tourner, & s'être, pour ainsi dire, mis aux abois, ils vont s'asseoir par terre chacun à leurs places; d'autres Prêtres assistans leur mettent leurs Manteaux. S'étant reposés environ un quart d'heure, ils chantent à haute voix quelques Hymnes, & ensuite se levent tous, ils défilent devant le Mufti, lui baisent la main; le premier se range à côté de lui, & le second à côté du premier, qui ayant baisé la main au Mufti, la baise à son Confrere; ainsi tous font de même. Etant rangés tous en haye proche la Balustrade, ils disent encore quelques prieres pour finir leur Office.

Hurleurs Religieux Turcs.

Quelques jours après, nous fûmes voir d'autres Religieux que l'on nomme Hurleurs, qui ont leur Mosquée à Tophana; ils officient tous les Jeudis à une heure après-midi, & commencent aussi par un Sermon, qui étant fini, le Mufti vient au milieu de la Mosquée qui n'est pas ronde comme celle des d'Erviches, mais d'un quarré oval; à main gauche en entrant est le lieu où se mettent les Turcs assistans, & à droite sont les Religieux.

Le Mufti étant donc au milieu de ladite Mosquée, tous les Religieux, ou autrement dit les Acteurs, s'assemblent autour de lui, & forment une espece de rond, au milieu duquel est renfermé leur Superieur qui se met à tourner; tous les Religieux tournent autour de lui pieds nuds récitant des passages de l'Alcoran, ausquels ces prétendus Religieux répondent tous ensemble hou, hou, & le prennent ensuite par les mains comme pour danser, & redoublent leurs hous, à haute voix ils s'entrelassent les bras les uns avec les autres & continuent leurs hurlemens jusqu'à extinction de voix ; si leurs Turbans, tombent, ils ne quittent pas pour les ramasser ; après qu'ils ont bien criés & tournés, comme je viens de le dire, & qu'une partie est hors d'haleine, ceux qui sont les plus vigoureux, renferment un de leur Confrere au milieu d'eux, le serrent entre eux si fort, qu'ils semblent vouloir l'étouffer, criant *hou*, sur lui, & lui, sur tous les autres. D'autres viennent par derriere embrasser ceux-ci par-dessus les épaules en faisant des contorsions fort indécentes, de sorte qu'on prendroit plûtôt ces Religieux pour des hommes fous ou enragés, que pour des gens qui font de pareilles folies en vûë de Pénitence, & pour loüer Dieu.

Ce rondeau fini, le Mufti s'affeoit par terre, & douze Chantres autour de lui forment un demi cercle, chantant tous enſemble environ un quart d'heure, enſuite recommencent tous enſemble le rondeau avec les mêmes extravagances que la premiere fois.

Le Vendredi ſuivant nous fûmes voir paſſer le Grand-Seigneur, qui va tous les Vendredis à la Moſquée neuve, ou à celle de Sultane Validée. Nous nous plaçâmes dans la Boutique d'un Foureur, devant la porte duquel il paſſa. Les Janiſſaires en habits & Bonets de cérémonie bordoient la haye des deux côtés de la rûë ; les Chaoux marchoient les premiers en habits de cérémonie, enſuite les Boſtangis; après ceux-ci marchoient le Chef des Eunuques & le Janiſſaire Agas ensuite le Sultan entouré de six Soulak qui sont des Officiers des Janissaires portant sur leurs Bonets des grandes plumes en façon d'Evantails qui cachent le Grand-Seigneur qui étoit monté sur un Cheval gris richement harnaché; la Housse étoit de velours cramoisi brodée en or, & parsemée d'Emeraudes; la bride garnie d'or, au Poitrail du Cheval, étoit une Turquoise d'une prodigieuse grosseur.

Le Sultan n'avoit rien de magnifique dans son habillement, il n'y avoit que son Turban dont l'Aigrette étoit de perles & de petits Diamants, & de plus devant un Diamant de la grosseur d'une petite Noix qui avoit un brillant des plus beaux, on envoyoit un autre au haut du Turban & un derriere. La poignée de son Sabre étoit garnie d'or & de Diamants ainsi que sa Masse d'arme qui étoit portée par le Chef des Eunuques, après lui marchoient son Kiaia & d'autres Officiers de sa Cour tous bien montés; il y avoit aussi sept Chevaux de main tous très proprement harnachés, & conduits par des Chouadards ou Domestiques du Sultan; l'ayant vû entrer dans la Mosquée nous attendîmes qu'il en sortit pour le voir encore mieux.

Pour cet effet nous nous plaçâmes vis-à-vis de la Porte, & en sortant je ne m'attachai uniquement qu'à examiner sa figure. Il est brun, beaucoup marquée de petite verole, les yeux fort beaux, le nez Aquilain, le visage plus oval que rond, sa taille m'a paru médiocre n'en pouvant décider positivement ne l'ayant vû qu'à Cheval. En passant il salua les Janissaires qui bordoient la haye, & s'en retourna au Serail dans le même ordre qu'il étoit venu à la Mosquée.

Il se nomme Sultan Mahmoud, qui a été mis sur le Trône par Patrona Chef de la derniere rebellion qui s'est faite à Constantinople en mil sept cent trente, à la place de son Oncle Achmet qui avoit usurpé la Couronne sur le pere du Sultan d'aujourd'hui, voici l'Histoire que l'on m'a fait à ce sujet, & telle qu'elle s'est veritablement passée.

HISTOIRE DE PATRONA

EN mil sept cent trente, Patrona qui étoit un Amale ou Porte-fait, étant dans un Caffé avec six de ses camarades, & ayant tous la tête échauffée de quelques bouteilles de Rossoly, parloient des affaires d'Etat ; il fut décidé entre eux que le Sultan & le Visir n'étoient pas justes, & que le peuple souffroit trop sous leur Gouvernement, & résolurent de se mettre Protecteurs du Peuple, de changer le Gouvernement & de déposer le Sultan &

le Visir. Patrona se proposa pour Chef, les autres y consentirent, ils s'armerent donc tous sept de Sabres & Pistolets, furent à une Mosquée Royale prendre l'Etendar de Mahomet, & parcoururent les ruës criant à haute voix que le Sultan & le Visir étoient injustes qu'il falloit les déposer, que ceux qui ne les suivroient pas dans cette entreprise perdroient la vie sur le champ. On méprisoit d'abord de pareils avis; mais ces sept rebelles les sçûrent faire respecter en coupant quelques têtes, un tel exemple intimida le public, plusieurs se joignirent à ce Noble Etendard, & en moins de deux heures les rebelles se trouverent au nombre de plus de cinq cens, par conséquent en état de forcer un quartier à imiter leur exemple; avant la nuit la troupe étoit de plus de quatre mille hommes.

Ce même jour le Grand-Seigneur & Ibrahim Bacha son Visir, étoient allés à Seutary passer en revûë trente mille Tartares pour envoyer en Perse, on fut avertir le Visir de ce qui se passoit dans la Ville ; il ne voulut point croire ce qu'on lui dit, & repliqua qu'il étoit impossible, d'autant plus que l'on sçavoit parfaitement qu'il y avoit trente mille hommes campés au Portes de Constantinople.

Le lendemain toute la Ville se souleva & prit le parti des rebels ; un autre Exprès en fut donner avis à Ibrahim Bacha, qui étant pour lors persuadé de la verité, envoya les Janissaires pour arrêter les Rebelles & remettre dans leur devoir, lesquels étant avertis de l'approche des Janissaires, se rangerent en Bataille sur la Place de l'Hipodrosme au nombre d'environ trente mille hommes & attendirent

tendirent l'ennemi de pieds fermes; les Janissaires ayant parus, Patrona les somma de se joindre à sa Troupe, où qu'il les feroit charger sans aucune grace. Pendant que ces propositions se faisoient, Patrona donna ordre à un détachement de passer par d'autres ruës, & de mettre l'ennemi entre deux feux. Le tout étant éxecuté selon ses désirs, & les Janissaires se voyant dans l'impossibilité d'échaper à la fureur des Rebels, se joignirent à eux, & se mirent sous les ordres de Patrona.

La nuit suivante, le Sultan & le Visir passerent le détroit pour se rendre au Serail, où ils se renfermerent. Le lendemain au point du jour, Patrona fit avancer ses Troupes jusqu'aux Portes du Palais, qui n'étoit gardé que par les Saphis & les Bostangis, qui sont les Gardes du dedans du Serail,

& fit fommer le Grand-Seigneur de lui livrer Ibrahim Bacha comme Auteur de tous les maux dont l'Empire Ottoman étoit accablé. Le Grand-Seigneur ne pût se dispenser de livrer son Ministre entre les mains de ce Rebel. Et crainte qu'on ne le fasse trop souffrir, il le fit étrangler dans le Serail & l'envoya mort. Patrona fit exposer le Cadavre sur le chemin d'Andrinople avec un Chien attaché à chaque membre, & se plaignit hautement de ce qu'on ne lui avoit pas envoyé envie. Il fit entendre au peuple que le Grand Seigneur n'avoit fait étrangler son Visir, que dans le dessein de cacher la tyrannie qu'il exerçoit sur son peuple. Dans l'instant cette mutine populace ne respirant que vengeance, força le Serail, prit le Sultan Achmet, le renferma au Château des sept Tours, où étoit son Neveu Mahmoud qu'elle fit sortir, & le couronna Empereur à la place de son Oncle Achmet.

Après cette expédition, Patrona déposa tous ceux qui possedoient des Charges dans l'Empire Ottoman, & en pourvut ses Compagnons. Le Capitan Bacha, les Princes de Valachy & de Moldavy, ainsi que les Bachas ou Gouverneurs de Provinces, personne ne fut exempt du caprice de cet homme. Il prit le Sultan pour son ami particulier, & lui promit sa protection, & l'assura, que lorsqu'il l'auroit mis sur le Trône, il le soutiendroit de tout son pouvoir.

Le Grand-Seigneur se défia des promesses de ce mutin; peu à peu & fort secrettement, il fit avertir tous les Principaux du Royaume que Patrona avoit déposé, & leur ordonna de tenir des Troupes prêtes au cas que son dessein fut découvert. Au bout de quelques mois les choses étant dans la situation qu'il désiroit, il fit venir Patrona au Serail, sous prétexte de lui demander quelques avis, & le fit passer dans un Cabinet secret, où il y avoit des muets qui lui passerent le fatal cordon, & l'étranglerent; le même jour il envoya chercher le Grand-Visir, camarade de Patrona, le Capitan Bacha, les Princes de Valachy & de Moldavie, ausquels on fit la même ceremonie, ainsi qu'à tous les Chefs des Rebels. Toutes ces Charges dans le moment furent remplies par des gens dignes de les exercer ; & quand il eut ramené les Janissaires à leur devoir, ainsi que le reste des Troubles révoltés, il fit faire une exacte recherche de tous ceux que Patrona avoit engagé dans son parti, & leur fit trancher la tête. On prétend qu'il fit mourir plus de quarante mille hommes révoltés ; quand nous arrivâmes à Constantinople on ne coupoit plus que vingt-cinq ou trente têtes par jour, j'en ai vû cinq que l'on exposa vis-à-vis la Porte du Serail ; c'est ainsi que le Sultan Mahmoud dépeupla son Empire de si dangereux Sujets, qui pendant l'espace de six mois avoient disposés des Charges & du Gouvernement de ce Royaume.

Le vingt Novembre je fus à Sadiabat voir une Maison de Plaisance que le Grand-Seigneur y a fait bâtir sur le modele de Versailles, suivant le Plan que Mehemet Effendi, Ambassadeur en France, lui en a fait.

Sadiabat est un Village à deux lieuës de Constantinople, situé dans un Vallon sur le bord d'une Riviere qui décharge ses Eaux dans le Port ; les deux bords de cette Riviere sont revêtus de pierres & forment une espece de Canal de la largeur de quinze toises. Au milieu du Canal est un Pont de Bois, peint en rouge & en vert, sur lequel on monte par deux escaliers soutenus de barres de fer courbées, dont un bout pose à terre & l'autre à la plus grosse Poutre. Au milieu de ce Pont sont deux Balcons où le Grand-Seigneur vient prendre le frais. Il y a deux cascades de la largeur de la Riviere, ornées de petits bassins. Entre ces cascades sont trois Kiosques couverts de plomb. Proche une de ces cascades, est un autre grand Kiosque couvert de plomb doré, au milieu duquel est un jet d'eau. Proche l'Appartement qui donne sur la riviere sont trois grands vases de marbre de chacun desquels sort un jet d'eau. On nomme cette Maison le petit Versailles.

Quelques jours après, nous

passâmes en Asie pour aller à Calcedoine & à Seutary; nous fimes arrêter notre Canot proche la Tour, dite de Leandre, qui est bâtie sur un Rocher environ cinq cens pas dans la mer du côté d'Asie; on ne sçait pourquoi cette Tour est ainsi nommée, d'autant plus que ce n'étoit point dans ce lieu où Leandre passoit le détroit à la nage pour aller voir sa chere Hero, mais proche les Dardanelles.

Dans cette Tour, est un Gardien qui a soin d'allumer tous les soirs un Fanal qui sert de guide aux Bâtimens qui arrivent pendant la nuit; il y a une très-belle Citerne dont l'eau est bonne, & que plusieurs Voyageurs ont dit être une eau de source, mais ce n'est que de l'eau de pluye; cela est d'autant plus vrai, que le Gardien nous a assuré qu'il étoit obligé de se faire apporter de l'eau quand il n'en tomboit pas suffisamment pour sa consommation dans l'année.

D'autres disent qu'un homme n'ayant qu'une fille unique qu'il chérissoit beaucoup, on lui prédit qu'elle seroit morduë d'un Serpent, & qu'elle mourroit de la morsure. Le Pere voulant prévenir cet accident, fit bâtir cette Tour au milieu de la mer, dans laquelle il renferma sa fille; il avoit soin qu'elle ne manquât de rien, & lui procuroit tous les amusemens convenables à son âge. Malgré toutes ces précautions, elle subit le sort qu'on lui avoit prédit. On lui envoya un Pannier rempli de Fraises, dans lequel s'étoit glissé un Vipere sans qu'on s'en apperçut, qui sortît tout à coup, mordit la fille & lui communiqua son venin, de façon que la Demoiselle mourut ainsi qu'on lui avoit dit.

Nous passâmes de-là à Calcedoine, qui n'est aujourd'hui qu'un petit Village, & qui ne seroit pas reconnoissable, si on ne sçavoit que cette ancienne Ville, autrefois si fleurissante, étoit située dans ce lieu ; l'on y voit encore l'Eglise où on dit que fut tenu ce fameux Concile de Calcedoine, ou du moins une Eglise bâtie dans le même endroit ; car elle est si petite, qu'il n'y a nulle apparence que ce fut dans celle qui subsiste que le Concile se tint.

Nous fûmes ensuite à Seutary, qui est une très-grande Ville proche Calcedoine, & séparée de Constantinople par le détroit du Pont Euxin, où je n'ai rien vû de remarquable.

Quelques jours après, le Prince Serbatolf de qui j'ai déja parlé, prit son Audience de congé. Ce même jour il fut visiter les Mosquées Royalles ; nous eumes l'honneur de l'accompagner.

Nous commençâmes par Sainte Sophie (qui a été bâtie par Constantin & achevée par Justinien) qui passe pour une des merveilles du monde, & qui sert de Plan à toutes les Mosquées dont M. Grelot a fait une description très-exacte.

De Sainte Sophie. Ce fameux édifice est soutenu de Colonnes de Porphire, & de verre antique. La voûte ainsi que les murs étoient incrustés de verres coupés en quarré de la grandeur de quatre lignes, entre lesquels se trouvent introduites des feüilles d'or & d'argent, des vertes & des bleuës, ce qui formoit une Mosaïque des plus belles.

Les Turcs n'ayant nul égard pour des choses si précieuses, ont enduits de plâtre une partie des murs, il n'y a que la voûte qui est fort élevée qui conserve, comme malgré cette Nation, de si beaux ornemens. Je donnai à un Turc quelques Parats pour avoir de cette Moſaïque ; il jetta ſa babouche à la voûte & fit tomber une demie douzaine de ces verres que je gardai par curioſité.

Nous fûmes enſuite à la Moſquée de Sultan Achmet qui eſt fort ſombre, & ſoutenuë de quatre pilliers d'une groſſeur énorme. Etant dans cette Moſquée il ſemble que l'on ſoit dans un Vaiſſeau par la quantité de cordages qui ſuſpendent une infinité de Lampes, ſans le ſecours deſquelles on n'y verroit pas clair. Il y a devant cette Moſquée une magnifique Cour ou Parvi très-bien Pavée; l'eſcalier qui eſt devant la principale Porte eſt de marbre blanc.

Il y a à Conſtantinople ſept Moſquées Royales très-bien bâties, & ornées des magnifiques Colonnes que l'on a tiré des Mines de Troye, d'Heraclée, & de toutes ces anciennes & superbes Villes de Grece.

La solidité de ces Bâtimens, la hardiesse de leurs Minarets ou Fléches, ces vastes Places qui sont devant, marquent leur magnificence.

Avanture arrivée au Capitaine d'un Vaisseau Anglois. Le huit Mars, un Vaisseau Anglois prêt à faire voile étoit en rade à Beseftache proche Tophana, le Capitaine donna à dîner à l'Ambassadeur de sa Nation sur son bord; en arrivant il fit saluer son Excellence de toutes ses bordées; & pour témoigner la joye qu'il avoit de l'honneur qu'il recevoit, il fit tirer le Canon toute la journée, & engagea son Excellence à souper; il étoit pour lors dix heures du soir, quand l'Ambassadeur sortit du Vaisseau; à peine étoit-il éloigné de la portée du Fusil, que le Capitaine Anglois fit feu des deux batteries,

Au bruit du Canon, le Grand-Seigneur s'éveilla, & crut que le reste des Rebels s'étoit assemblé & emparé des Batteries, & de l'Arsenal qui est à Tophana. Il fit sur le champ avertir le Grand Visir, & lui donna ordre de s'informer de ce qui se passoit, & pourquoi on tiroit si tard dans le Port; on sçût d'abord que c'étoit le Capitaine Anglois qui avoit salué l'Ambassadeur de sa Nation.

Le lendemain le Grand Visir envoya chercher l'Ambassadeur d'Angletetre à qui il demanda le Capitaine qui avoit eu l'audace de tirer dans le Port à heures induës; Son Excellence lui refusa & ne voulut point livrer cet homme, à qui on auroit sûrement fait mauvais parti.

Ce même jour on envoya chercher deux Marchands Anglois, sous prétexte de leur vendre des Marchandises; aussi-tôt qu'ils furent arrivés à la Doüane on les retint, disant qu'on ne les rendroit pas qu'on eut livré le Capitaine qui avoit tiré dans le Port.

Le Visir envoya chercher les Députés de la Nation Angloise, & leur dit d'élire un d'entr'eux pour Ambassadeur, parce que la Porte ne vouloit plus de celui-ci ; M. l'Ambassadeur d'Hollande se proposa pour Médiateur de cette affaire, & n'ayant pû la terminer, on eut recours à M. le Marquis de Villeneuve qui l'a fini à l'amiable.

Le bruit courut dans la Ville que cette affaire causeroit quelque disgrace au Grand Visir. Quelques jours après il y eut des plaintes contre lui ; le Grand-Seigneur n'étant pas encore bien affermi sur son Trône, apprê-

hendoit que le peuple ne se sou-
levat, déposa son Visir nommé
Tophal Osman & l'envoya servir en Perse.

HISTOIRE
DE
TOPHAL OSMAN.

EN mil sept cent vingt-sept, Tophal Osman étant embarqué sur un Vaisseau de sa Nation, fut attaqué à la hauteur des Côtes d'Egypte par un Vaisseau de la Religion de Malte; après un combat fort opiniâtre, le Maltois se rendit maître du Vaisseau Turc, mit tout l'équipage à la Chaîne & mena sa prise à Malte. A l'arrivée du Bâtiment dans cet Isle, on fit la vente des Esclaves. Tophal Osman fut vendu à un Marchand Maltois nommé mé M. Argniau. Quelques jours après ladite vente, le Patron ayant connu des sentimens & de l'éducation à son esclave, y eut égard, ne l'employa point à de forts ouvrages, il le garda chez lui, & rendit sa captivité des plus douces; cet Esclave voyant de jour en jour la considération que son Patron avoit pour lui, fit son possible pour mériter l'honneur de sa bienveillance; & ayant tous les jours de nouvelles marques de la génerosité de M. Argniau, il lui dit qu'il étoit très-sensible à toutes ses bontés, & qu'il en esperoit la continuation, que s'il vouloit lui donner sa liberté, & lui procurer les moyens de retourner dans sa Patrie, qu'il lui rembourseroit, & même au-delà, tout ce qu'il lui avoit coûté, & que s'il étoit un jour Grand Visir, il lui donneroit des marques de la plus vive reconnoissance.

Monsieur Argniau fut touché des malheurs de cet homme, se fia à sa bonne foi ; il arma un Bâtiment en course, sur lequel il fit embarquer son Esclave, lui donna de l'argent pour faire sa route quand il seroit à terre, & ordonna au Capitaine de débarquer Tophal Osman dans tel endroit qu'il jugeroit à propos. L'Esclave prit congé de son Patron, rempli de joye & de reconnoissance, en réiterant les promesses qu'il lui avoit faites.

Le Capitaine le débarqua sur les mêmes Côtes où il avoit été pris. Cette même année Tophal Osman fut fait Bacha, se souvint de son Patron, lui envoya sa rançon ainsi que l'argent prêté, avec de magnifiques présens.

En mil sept cent trente, il fut nommé Grand-Visir, & n'oublia point les bontés de M. Argniau, il lui écrivit, & le pria de le venir voir à Constantinople. M. Argniau partit de Malte avec M. son fils, & arriverent en cette Capitale en 1731 vers la fin de Février ; le lendemain de son arrivée, il fut rendre visite à Tophal Osman Bacha, pour lors Grand Visir, il en reçût des marques de la plus vive reconnoissance & des presens considérables ; M. Argniau lui rendit plusieurs visites qui furent toutes égales à la premiere. Quelques jours avant que Tophal Osman fut disgracié, il fit délivrer à son Patron un Firman du Grand-Seigneur, qui portoit que M. Argniau se serviroit d'un Vaisseau de sa Hautesse, & feroit un chargement tel qu'il le jugeroit à propos. M. Argniau profita du tems, prit congé du Visir, le remercia de toutes les gratifications qu'il en avoit reçû. Quelques jours après son départ on apprit la disgrace de ce genereux Visir.

DESCRIPTION
DE
CONSTANTINOPLE.

COnstantinople, Ville d'Europe, Capitale de Romanie, est l'ancienne que les Turcs nomment Stanbol, & est aujourd'hui Capitale de l'Empire Ottoman. Cette Ville étant bâtie sur le Bosphore de Thrace, commande aux deux mers, la blanche & la noire, & a un Port le plus beau & le plus commode que l'on puisse s'immaginer ; elle est située dans la peninsule, qui se terminant en pointe, s'avance dans la mer, à l'endroit où commence le Bosphore, qui joint la Propontide au Pont Euxin, & qui sépare l'Europe de l'Asie; ainsi elle forme une espece de triangle.

Des trois angles, le premier est à l'Orient, à la pointe du Promontoire, que nous appellons la pointe du Serail. Le second est au midi vers la Propontide, où se terminent les murailles doubles qui sont du côté de la terre, & flanquées de Tours fort proches l'une de l'autre, lesdits murs & Tours ne subsistent presque plus, on les laisse tomber en ruine. Le troisiéme est au fond du Port, tourné de l'Occident au Septentrion, sur la Place du Golphe, qu'on appelloit Blaquernes. C'est au fond dudit Golphe que se déchargent deux petites Rivieres, nommées Cidatus & Barbise; voilà quelle est la situation de Constantinople.

Il ne regne que deux Vents dans ce Pays, le Nord & le Sud; quand le premier souffle, il ne peut rien venir par la Mer de Marmara; mais alors les Vaisseaux qui viennent de la Mer Noire, ont le Vent en poupe, & fournissent la Ville de ce qui lui est nécessaire; au contraire, quand le Sud domine, rien ne peut venir de la Mer Noire, & tout vient de la Mer de Marmara, ou Mer blanche. Ainsi ces deux Vents sont comme les clefs de cette Capitale, qui ouvrent & ferment l'entrée aux Vaisseaux; & quand l'un & l'autre cessent, les petites barques vont à la Rame.

Le grand Bassin qui est entre Constantinople & Galata, & les deux Bourgs de Fondukli & Thophana, forme le plus beau Port du monde où l'art n'a aucune part.

C'est du milieu de ce Bassin

où l'on voit Constantinople au Midi & au Couchant, Gaïata & les deux Bourgs dont je viens de parler au Nord, & la Ville de Seutari au Levant, ce qui présente aux yeux le plus magnifique spectacle que l'on puisse immaginer. Tous les Edifices de ces environs sont bâtis sur des éminences en forme d'Amphitéâtre, de sorte que l'on découvre le tout d'un coup d'œil, le mélange des Cyprès, & des Maisons de Bois peint, les Dômes des Mosquées, la hauteur de leurs Minarets contribuent beaucoup à ce merveilleux aspect.

A dire vrai, la Ville n'est pas si agréable en dedans ; les ruës sont fort étroites, & mal percées, il y faut presque toujours monter ou descendre ; il n'y a que la ruë qui regne depuis la Porte d'Andrinople jusqu'au Serail, qui est assez belle, & quelques-unes
aux

aux environs de la Place de l'Hipodrôme, où l'on faisoit autrefois des courses de Chevaux.

Il y a dans cette Place deux Obelisques d'environ soixante pieds de haut, & une colonne faite de trois Serpens de bronze entrelacés. C'est un de ces Serpens que Mahomet second coupa en deux d'un revers de son Sabre en faisant des courses sur cette Place.

Il y a dans cette Capitale plusieurs fondations pour la nourriture des Chats & des Chiens qui n'ont point de Maîtres. Des hommes commis pour distribuer la nourriture à ces animaux, portent journellement des Foyes de Moutons dans les places destinées pour en faire la distribution, où étant arrivés ils font un cris qui fait sortir les chats de toutes parts; les uns grimpent sur leurs épaules, les autres sur leurs dos, &

Fondations pour les Chats.

dans la minute, l'on voit ces hommes tout couverts de Chats qui ayant chacun leur portion se retirent, & ne paroissent que le lendemain à pareille heure. Ces fondations étant faites par des pieux Musulmans ; que ne devroit-on point faire pour les hommes ?

Le tems du Beiram, qui est le tems où ils font abstinence, arriva, & commença de même que notre Carême, ainsi que celui des Grecs Schismatiques ; de sorte que dans cette année il y avoit à Constantinople trois Carêmes differents.

Pendant ce tems de Pénitence les Turcs ne boivent ni ne mangent journellement qu'au coucher du Soleil, de sorte qu'aussitôt que les ombres de la nuit ont obscurcit l'Astre du jour, ils peuvent boire & manger jusqu'au lendemain qu'il commence à paroître, pour ce qui concerne la nourriture, de la nuit ils en font le jour; & pour le repos du jour, ils en font la nuit.

Au coucher du Soleil on allume des Lampions dont les Minarets de toutes les Mosquées sont garnis.

De Pera, où sont logés les Ministres étrangers, le coup d'œil est magnifique, on voit la Ville à découvert, & ces illuminations présentent à la vûë un aspect des plus beaux. On distingue les Mosquées Royales par le nombre de leurs Minarets & leur hauteur, & par des cordes qui sont attachées d'une Mosquée à l'autre, à chacune desquelles sont suspendus une infinité de Lampions; à chacune de ces Mosquées il y a cinq Gallerie en dehors, sur lesquelles on monte pour appeller à la priere, & autour desquelles, dans ce Saint tems, sont posés les Lampions.

F fij

Folies des Grecs Schismatiques.

Pendant le Carnaval des Grecs Schismatiques, les femmes ainsi que les hommes vont pleurer sur les sépultures de leurs ancêtres. J'ai vû trois femmes de cette Religion dans un Cimetiere où étoit enterré le mari d'une d'entr'elles, les deux autres étoient la mere & la sœur du défunt; il y avoit avec elles un Papas à qui elles donnoient un Parat pour leur prêter un Goupillon pour jetter de l'eau Benîte sur la Fosse du mort. Quand l'une avoit pleuré & alloit s'asseoir, une autre prenoit la place & pleuroit de même, chacune avoit son tour pour faire des cris horribles. Quand cette cérémonie fut finie, elles retournerent chez elles très-contentes sans faire paroître le moindre chagrin. Dans plusieurs endroits de ce Cimetiere, étoient d'autres hommes & femmes qui faisoient les mêmes extravagances.

Quelques-tems avant notre départ nous fûmes voir les Acqueducs qui conduisoient autrefois de l'eau à Constantinople & aux environs, ce sont des ouvrages superbes qui ont été faits sous Constantin ; ils ne portent plus d'eau nulle part par la négligence de ceux qui les possedent, qui n'ont pas soin de les entretenir ; il semble que depuis que Mahomet second a fait la conquête de ce Pays, que tout y perisse, non-seulement ces anciens & superbes Edifices, mais encore les hommes qui habitent ces Contrées, & qui sont affligés de peste tous les ans.

Nous fûmes dîner ce même jour à un Village nommé Bellegrade distant de Constantinople de quatre lieuës, où tous les Ministres Etrangers ont des Maisons de campagne pour se retirer en tems de Peste.

Nous passâmes presque tout le Carême à Constantinople, & pendant ce tems nous fîmes plusieurs tentatives pour voir le Jardin du Serail, & un Kiosque magnifique qui est sur le bord du Port, où le Grand-Seigneur va souvent prendre le frais; pour cet effet nous traversâmes le Port; étant débarqués, nous demandâmes aux Gardes du Kiosque la permission d'y entrer, qui nous fut refusée. Nous demandâmes ensuite la permission de voir le Jardin, un Bostangis nous l'octroya moyennant quelques Piastres; on nous permit par grace d'entrer dans ce clos environ cent pas, étant toujours gardés à vûë. Autant comme il m'a été possible d'en décider, les allées sont étroites & mal percées, le Jardin est planté de Cyprès très-mal arrangés. On y voit des compartimens où sont plantés des Choux, d'autres sont couverts de differentes légumes. Si ce Clos est par tout comme nous l'avons vû, on le prendroit plûtôt pour un potager, que pour un Parc qui est destiné pour les promenades d'un Souverain.

Après avoir resté dans ce Jardin environ dix minutes, on nous en fit sortir. Nous demandâmes de nouveau à voir le Kiosque, on nous le refusa de même que la premiere fois. Pendant que les Turcs qui le gardent étoient occupés à me parler, M. de la Condamine y entra par une Porte où il n'y avoit aucuns Gardes, il fut très long-tems à s'y promener & à en admirer la magnificence, sans que je sçache ce qu'il étoit devenu, je fus très surpris de le voir sortir d'un lieu d'où nous ne pouvions approcher sans en être chassez. Je crois que s'il ne s'y étoit pris de cette façon il auroit été privé de la vûë de ce superbe Bâtiment.

Départ de Constantinople. Notre départ étant fixé au cinq Avril 1732. nous nous embarquâmes ce même jour à quatre heures du soir, sur un Vaisseau Marchand François, commandé par le Capitaine Lampré de Marseille ; à six heures nous fîmes voiles, & partîmes de Beseftache avec très-peu de vent ; à minuit nous restâmes en calme jusqu'au huit que le vent fraîchit ; le neuf nous passâmes à une heure après midi devant Gallipoly, & vînmes moüiller à la Pesquiere au Nord-Est des Dardanelles, nous moüillâmes par les 22 brasses d'eau fond de Roche. Aussi-tôt que l'Ancre fut à la mer, nous nous fîmes mettre à terre pour aller chez le Consul où nous couchâmes ; le Capitaine fit dans ce petit Village toutes ses provisions ; le dix nous couchâmes à bord, & le onze à cinq heures du matin on appareilla.

Nous partîmes des Dardanel- *Départ des* les avec un bon vent frais qui *Dardanel-* nous faisoit faire quatre lieuës par *les.* heure; à 6 heures & demie nous sortîmes du détroit. Après avoir doublé l'Isle de Tenedos, nous fimes route au Sud-Ouest quart de Sud. A une heure après midi le vent étant devenu Nord, nous cinglâmes au Sud-Ouest pour passer le Cap d'or avant le coucher du Soleil ; le lendemain à 5 heures du matin, nous passâmes entre Xea & l'Isle longue.

Le 16. nous eûmes un petit vent de Nord-Ouest, & au coucher du Soleil nous observâmes les Isles de l'Entimille, la Salconera & Belle-Poule ; la nuit étant obscure on prit les Ris aux Huniers ; le lendemain au point du jour, nous découvrîmes les Isles de Cerigo, & Cerigotte, & le Cap Pada de Candie ; à midi le Vent ayant calmé, nous nous trouvâmes à deux lieuës de l'Isle Lové.

Le vingt-un nous découvrîmes l'Isle de Malte; à six heures du soir nous étions par son travers.

Le vingt-neuf nous eûmes un vent forcé, & le trente à six heures du matin nous prîmes les bas Ris aux Huniers; ne pouvant tenir la mer, nous relâchâmes sous le Cap Cartage dans la Rade de Tunis proche le Château de la Goulette; nous moüillâmes à midi par les six brasses d'eau fond de Vaze.

Description de Cartage. Cartage étoit autrefois la principale Ville d'Affrique sur la Côte de Barbarie proche Tunis, qui a été bâtie, selon quelques Auteurs, par Didon. Elle étoit située sur un Promontoire qui fait une presque Isle, entre Utique & Tunis; elle étoit fort grande, & extrémement peuplée; tous ses habitans étoient belliqueux & redoutés de leurs voisins. Scipion le jeune, prit & ruina cette belle Ville 146 ans avant Jesus-Christ, il ne sortit de Cartage qu'environ cinq mille personnes qui furent les déplorables restes de cette superbe Ville dont on ne voit à présent que très-peu de vestiges ; la presque Isle est nommée par les Marins, le Cap Cartage. Je ne m'arrêterai pas à en faire une ample description, d'autant plus que des Auteurs célebres en ont fait de très-exactes, sans toutefois dire précisément par qui elle a été bâtie.

L'on voit dans ces ruines dix-sept Citernes de face au haut du Promontoire ; elles ont environ quatre-vingt pieds de long, très-profondes & bien voûtées, dans lesquelles on descend par des Escaliers ; il y en a douze qui sont à sec, & cinq où il y a de l'eau très-bien conservée & bonne à boire. On peut juger que ces reservoirs étoient faits pour la subsistance des Troupes & des Habitans en tems de guerre. Les ruines de cette Ville s'étendent non-seulement depuis le bas du Promontoire du côté de la Mer jusqu'au sommet, mais encore fort loin dans la plaine.

Depart de la Rade de Cartage. La nuit du Samedi au Dimanche quatriéme May, le vent étant Ouest Sud-Ouest; nous appareillâmes, & fîmes route au Nord quart Nord-Est. Etant par le travers de Porte-Farine, nous apperçûmes une Gaillotte armée qui venoit sur nous. Sur le champ notre Capitaine ordonna d'apporter des Boulets sur le Pont & de détaper les Canons, en cas d'attaque; les postes furent distribués sur le champ; un nombre de Matelots étoient destinés pour la manœuvre, & les autres pour combattre au milieu & sur la Prouë du Vaisseau, sous les ordres du Lieutenant, M. de la Condamine, le Capitaine, l'Ecrivain & moi sur la Poupe : quand cette Gaillote nous eut reconnus, elle nous paſſa ſous le vent ſans rien entreprendre.

Le cinq nous découvrîmes l'Iſle de Sardaigne & reconnûmes le Cap Tolare, hauteur obſervée 39 degrés quatorze minutes lattitude Nord; nous avons trouvé l'Iſle S. Pierre plus au Sud de quinze minutes qu'il n'eſt marqué ſur la Carte de M. Bertelot.

Juſqu'au 9 nous eûmes très-peu de vent. Ce même jour à deux heures après midi nous découvrîmes la terre & reconnûmes la Montagne de Coudon; à quatre heures le vent ayant augmenté, nous prîmes les bas Ris aux Huniers, & cinglâmes au Nord Nord-Oueſt pour doubler les Iſles d'Hyeres; le vent ayant encore fraîchi, nous aurions amené nos Huniers si ce gros tems nous avoit permis de tenir la mer; mais au contraire nous forçâmes de voiles pour aller moüiller dans la Rade desdites Isles, où nous entrâmes par le petit passage du côté de l'Ouest de Pourquierolles; nous y moüillâmes par douze brasses d'eau fond de Vaze.

Le Dimanche 11. nous fûmes à la consigne au Bureau de Santé desdites Isles, pour envoyer un Exprès à Marseille donner avis de notre arrivée. On nous permit de descendre à terre, à condition que nous nous tiendrions au large sans approcher personne. Nous exécutâmes ponctuellement ces ordonnances; tous les passans nous évitoient avec la même précaution qu'ils auroient eû avec des pestiferés, quoique nous soyons partis de Constantinople avec patentes nettes.

L'Intendant du Bureau de Santé paſſa proche de nous avec Madame ſon épouſe & Mademoiſelle ſa fille qui portoit des fleurs dans un Panier, je la priai de me faire préſent d'un bouquet, ce qu'elle m'accorda fort poliment, mais de très-loin; elle mit le Bouquet par terre & ſe retira auſſi-tôt; je la remerciai de ſa politeſſe, & la laiſſai éloigner avant que d'aller ramaſſer mon préſent; la nuit du onze au douze, le vent fut ſi violent, que l'on fut obligé, quoiqu'étant dans une Rade bien fermée, d'amener les Vergues & de filer du Cable, crainte de chaſſer ſur Ancre.

Le treize le Vent ayant calmé nous appareillâmes; & étant ſortis de la Rade, nous nous trouvâmes en calme ſans pouvoir gouverner, nous fûmes contraints de mettre la Chaloupe & le Canot à la mer, pour éviter que les

Courans ne nous faſſent échoüer sur la pointe desdites Iſles.

Le lendemain quatorze, le vent étant venu à l'Eſt bon frais nous fîmes force de voiles & arrivâmes à neuf heures du matin par le travers de Notre-Dame de la Garde, qui eſt une Chapelle bâtie ſur la croupe d'une montagne proche Marſeille ; nous ſaluâmes en paſſant de neuf coups de Canons, & fimes la priere en action de grace, pour remercier Dieu de notre heureuſe navigation.

Nous prîmes Port à Pommeguay où tous Vaiſſeaux venant du Levant font quarantaine ; à trois heures nous fîmes mettre tout notre Equipage dans la Chaloupe, & nous nous fîmes conduire au Lazaret pour faire notre quarantaine.

Etant arrivés dans cette eſpece d'Infirmerie, qui eſt le lieu où
les

les Voyageurs du Levant & d'autres même qui viennent d'un Pays contagieux, restent pour se purifier; sur le champ on nous donna un Garde pour nous ôter tout commerce avec ceux qui y étoient avant nous & ceux qui y pourroient arriver après.

Le lendemain on vint nous parfumer; pour cet effet on nous fit sortir de notre Chambre, & en ayant fermé la Porte & les fenêtres, on alluma au milieu un feu fait de son & d'herbes trèspuantes; quand la Chambre fut bien remplie de fumée, on nous y fit entrer, on nous enferma dedans environ l'espace de sept minutes, jamais Renards n'ont été si bien fumés dans leurs Terriers; je crois que si nous y étions restés un quart d'heure, que l'on nous auroit trouvés morts; cette fumée étoit si puante, que nous en eût mes mal à la gorge plus de huit jours. Personne n'est exempt de cette cérémonie. Quinze jours après ils recommencerent de même que la premiere fois.

Au bout de vingt-quatre jours, on nous donna liberté, nous entrâmes dans la Ville très bien purifiés, nous n'y restâmes que cinq jours ; nous prîmes une Chaise qui nous mena jusqu'à Lion, d'où je partis par la Diligence, & arrivai à Paris le 29 Juin 1732.

APPROBATION.

J'Ai lû par l'Ordre de Monseigneur le Chancelier un Manuscrit, ayant pour titre *Nouveau Voyage du Levant, par le sieur Tollot, fait en 1731*. A Paris ce 12 Juillet 1741.

SIMON.

PRIVILEGE DU ROY.

LOUIS, PAR LA GRACE DE DIEU ROY DE FRANCE ET DE NAVARRE: A nos amez & féaux Conseillers les Gens tenans nos Cours de Parlement, Maître des Requêtes ordinaire de notre Hôtel, Grand Conseil, Prevôt de Paris, Baillifs, Sénéchaux, leurs Lieutenans Civils & autres nos Justiciers qu'il appartiendra, SALUT. Notre bien amé ANDRE' CAILLEAU, Imprimeur & Libraire à Paris, Nous ayant fait supplier de lui accorder nos Lettres de Permission pour l'impression d'un Livre, qui a pour titre *Nouveau Voyage au Levant par le sieur Tollot*, offrant pour cet effet de l'imprimer ou faire imprimer en bon papier & beaux caracteres, suivant la feüille imprimée & attachée pour modele sous le contrescel des Présentes, Nous lui avons permis & permettons par ces Présentes, d'imprimer ou faire imprimer ledit Livre en un ou plusieurs volumes, & autant de fois que bon lui semblera, sur papiers & caracteres conformes à ladite feüille & de le vendre, faire vendre & débiter par tout notre Royaume pendant le temps de trois années consécutives, à compter du jour de la datte desdites Présentes. Faisons défenses à tous Imprimeurs Libraires & autres personnes de quelque qualité & condition qu'elles soient, d'en introduire d'impression étrangere dans aucun lieu de notre obéïssance ; à la charge que ces Présentes seront enregistrées tout au long sur le Registre de la Communauté des Imprimeurs & Libraires de Paris dans trois mois de la datte d'icelles ; que l'impression dudit Ouvrages sera faite dans notre Royaume & non ailleurs ; & que l'Impétrant se conformera en tout aux Reglemens de la Librairie, & notamment à celui du 10 Avril 1725. Et qu'avant que de l'exposer en vente le Manuscrits ou Imprimé qui aura servi de copie à l'impression dudit Livre sera remis dans le même état où l'Approbation y aura été donné, ès mains de notre très-cher & féal Chevalier le sieur d'Aguesseau ; Chancelier de France, Commandeur de nos ordres, & qu'il en sera ensuite remis deux Exemplaires dans notre Bibliotheque publique, un dans celle de notre Château du Louvre, & un dans celle de notre très-cher & féal Chevalier le sieur Daguesseau Chancelier de France & Commandeur de nos ordres, le tout à peine de nullité des Présentes : Du contenu desquelles vous mandons & enjoignons de faire joüir l'Exposant ou ses ayans cause pleinement & paisiblement, sans souffrir qu'il leur soit fait aucun trouble ou empêchement: Voulons qu'à la copie desdites Presentes qui sera imprimée tout au long au commencement ou à la fin dudit Livre foi soit ajoutée comme à l'original. Commandons au premier notre Huissier ou Sergent de faire pour l'exécution d'icelles tous Actes requis & nécessaires, sans demander autre permission, & nonobstant clameur de Haro, Chartre Normande & Lettres à ce contraires DONNÉ à Paris le vingt-deuxiéme jour du mois de Décembre, l'an de grace mil sept cent quarante-un, & de notre Regne le vingt-septiéme. Par le Roy en son Conseil.

SAINSON.

Regiftré sur le Registre X. de la Chambre Royale des Libraires & Imprimeurs de Paris, Nº. 563. fol. 555. conformément aux anciens Reglemens, confirmés par celui du 28 Fevrier 1723. A Paris le 24 Décembre 1741.

SAUGRAIN, Syndic.

CATALOGUE

DES LIVRES NOUVEAUX
Qui se vendent chez Cailleau.

Collectio judiciorum de novis erroribus, qui ab initio duodecimi seculi post incarnationem Verbi, usque ad annum 1735. &c. in fol. 3 vol. 1738.

Histoire du Peuple de Dieu, in-4°. 10 vol.

—Idem 10 vol. in-12.

—Naturelle de l'Univers &c. par M. Colonne. 4 vol. in-12. avec des figures.

Ses Principes de la Nature, suivant les opinions des Anciens Philosophes, &c. 2 vol. in 12.

—De la Géneration des Végétaux Animaux & Mineraux, in-12.

Histoire de la derniere Révolution arrivé dans l'Empire Ottoman, in-12.

La découverte des Longitudes. Avec la Méthode facile aux Navigateurs, par M. de l'Isle, in-12.

Les Annales de Tacite par M. Amelot avec la suite, 10 vol. in-12.

La Religion Protestante, convaincuë de faux dans ses regles de foi particulieres par M. Mesnard, 2 vol. in-12. 1741.

Abregé du Mecanisme Universel, en discours & questions Physiques, &c. par M. Morin Professeur au College Royal de Chartres, in-12. avec figures.

Le Geographe Méthodique, ou introduction à la Geographie ancienne & moderne, par M. l'Abbé de Gournés, &c. in-12.

La Bibliotheque des Philosophes Chimique nouvelle Edition, revûë corrigée & augmentée de plusieurs Philosophes, avec des figures & des Notes pour faciliter l'intelligence de leur Doctrine par M. J. M. D. R. 3. vol. in-12. 1741.

Histoire Romaine de Tite-Live traduit en François avec le Suplément de Freinshemius, par M. l'Abbé Brunet, premiere decade 3 vol in-12.

—— De la Pairie de France & du Parlement de Paris, des Pairies d'Angleterre, & des Grands d'Espagne, in-12.

—— Des Revolutions d'Angleterre, par Burnet 4. vol. in-4°. avec les Portraits.

Journal Literaire complet contenant 47 Parties jusqu'en 1741.

Lettres sérieuses & Badines, 12 vol. in-12.

Testament du Cardinal de Richelieu, nouvelle Edition augmentée 2 vol. in-12.

Conquête des Portugais, 4 vol. in-12.

Mémoire de Marguerite de Valois, 4 vol. in-12.

Oeuvres de Mariotte, 2 vol. in-4°. figures.

Mémoire de Pologne, in-12.

La Science Militaire par M. Bardet de Villeneuve, 5 vol. in-8°. avec figures.

Observations sur toutes les Parties de la Physique 3. vol in-12.

Voyage de l'Arabie Heureuse, par M. de la Roque, 2 vol. in-12. avec figures.

—— De Syrie & Montliban, 2 vol. fig.

—— De François Coreal aux Indes Occidentales &c. 3. vol in-12. avec fig.

Les Avantures du Voyageur Aërien, Histoire Espagnole, in-12.

De l'utilité des Voyages, & de l'avantage que la recherche des antiquités procure aux Sçavans 2 vol. in-12. avec figures.

Voyage de Sciam des RR. PP. Jesuites 3 vol. in-12. avec figures.

Voyage de Paul Lucas au Levant, in-12. 3. vol. avec figures.

Introduction à l'Histoire générale de l'Univers par M. le Baron de Puffendorf, 9 vol. in-12. avec figures.

www.ingramcontent.com/pod-product-compliance
Lightning Source LLC
Chambersburg PA
CBHW060057190426
43202CB00030B/1853